Otto-Heinrich Silber

Klangtherapie – Weg zur inneren Harmonie

HERDER spektrum

Band 5333

Das Buch

Der Geräuschpegel in unserer Umwelt nimmt ständig zu. Wir hören oftmals gar nicht mehr bewusst. Gewissermaßen als Gegenbewegung dazu hat sich die Klangtherapie etabliert. Sie arbeitet mit archaischen Instrumenten und sparsamen Klängen. In der Kombination von Atem, Klang und Bewusstsein kann sie den Menschen zu seinem Zentrum zurückführen, ihn Ruhe und Ausgeglichenheit finden lassen. Der Konstanzer Internist Dr. Otto-Heinrich Silber arbeitet seit mehreren Jahren mit Klängen und setzt Instrumente wie das Didgeridoo, Klangschalen, Gong, das Monochord und Obertongesang ein. Im Gespräch mit Jürgen Hoeren erläutert er die vielfältigen Wirkungsweisen von Musik auf Körper und Psyche. Er berichtet von seinen konkreten Erfahrungen mit Patienten und erklärt, wo die Arbeit mit Klängen sinnvoll und erfolgreich eingesetzt werden kann. Musik-, Schmerz- und Psychotherapie greifen ineinander und ergänzen einander in sinnvoller Weise. Ziel ist Heilung durch Harmonie von Leib und Seele.

Der Autor

Dr. Otto-Heinrich Silber, geboren 1951; Arzt für Innere Medizin in Konstanz; Zusatzausbildung in Akupunktur und Psychotherapie, klassische Musikausbildung, beschäftigt sich seit über zwei Jahrzehnten mit dem Zusammenspiel von Yoga, Akupunktur und meditativer Musik. Längere Aufenthalte in Indien, Tibet und der Volksrepublik China. Bei Yaboamusic (www.yaboamusic.com) sind von ihm die CDs „Prana“ und „PULS“ erschienen.

Der Gesprächspartner Jürgen Hoeren, M. A., ist Ressortleiter Kulturelles Wort/Aktuelle Kultur beim SWR, Baden-Baden.

Otto-Heinrich Silber

Klangtherapie – Weg zur inneren Harmonie

Im Gespräch mit Jürgen Hoeren

HERDER

FREIBURG · BASEL · WIEN

Originalausgabe

Gedruckt auf umweltfreundlichem,
chlorfrei gebleichtem Papier

www.herder.de
Satz: Rudolf Kempf, Emmendingen
Herstellung: fgb · freiburger graphische betriebe 2003
www.fgb.de
Umschlaggestaltung und Konzeption:
R·M·E München / Roland Eschlbeck, Liana Tuchel
Umschlagmotiv: © Getty images
ISBN 3-451-05333-0

Inhalt

Vorwort

Wie „funktioniert“ Klangtherapie; wie kommt es, dass Menschen durch das Erleben von Klängen Ruhe und Ausgeglichenheit finden? Bei der Suche nach Antworten auf das beharrliche Nachfragen Jürgen Hoerens stellte ich fest, dass es nicht leicht ist, das in Worte zu fassen, was in der Klangtherapie zwischen Patient und Therapeut geschieht und welche Wirkungen die Schwingungen von Klangschalen oder ein Instrument namens Monochord (vgl. S. 25 ff.) auf Leib und Seele der Beteiligten ausüben.

Im Laufe des Gesprächs wurde mir klar, dass ein Verständnis der Klangtherapie nicht möglich ist ohne das Wissen und verschiedene theoretische Grundlagen – zum Beispiel über die Grofschen Thesen des Pränatalen Bewusstseins. Auch die Kulturgeschichte der Instrumente spielt eine wichtigere Rolle, als man auf den ersten Blick annehmen möchte.

Immer wieder wollte mein Gesprächspartner wissen, wo ich denn konkrete Ergebnisse vorweisen könne. In diesem Zusammenhang ist es mir wichtig, den Kollegen und Freund Dr. Peter Hess zu erwähnen, durch den ich vor Jahrzehnten überhaupt den Zugang zur Klangtherapie gefunden habe. Peter Hess, Oberarzt an der psychiatrischen Klinik in Frankenthal, arbeitet im klinischen Alltag in einer viel umfangreicheren Weise als ich mit den Klängen. Im praktischen Erfahrungsaustausch habe ich von ihm sehr viel gelernt.

In Konstanz fand ich in Dr. Kurt Mosetter einen Kollegen, der bereit war, die Verbindung von Klang- und Körpertherapie zu erproben und auf diese Weise ein neues Konzept zur Behandlung von chronischen Schmerzen zu entwickeln. Diese fruchtbare Zusammenarbeit brachte wertvolle neue Erfahrungen.

Sich auf die Klangtherapie einzulassen, erfordert einen weiten Blick und eine Offenheit, die der fragende Journalist im Laufe der zahlreichen gemeinsam verbrachten Wochenenden aufzubringen bereit war. Erst dadurch wurde das Gespräch zu einem Dialog, der über ein formales Frage-und-Antwort-Spiel hinausging – kam es für meinen Gesprächspartner doch vor allem darauf an, meine

„Zwischentöne“ wahrzunehmen und für weiterführende Fragen aufzugreifen.

Klangtherapie ist ein Weg zur ganzheitlichen Heilung von Leib und Seele. Einiges ist bereits darüber publiziert worden, in Asien, Europa und in den USA. Dennoch ist dieses Feld alles andere als bis ins Letzte begründet und erforscht. Mir liegt daran, Interesse für die Arbeit mit Klängen zu wecken, weil es eine so aufregende und unorthodoxe Methode ist, die allerdings vor allem eines verlangt: einen erweiterten Blick für das Zusammenspiel von Körper, Geist und Seele.

Herrn Wolfgang Höhn danke ich für die Durchsicht des Manuskripts.

Konstanz, im August 2002 Dr. Otto-Heinrich Silber

Musik beginnt da, wo Worte enden – archaische Instrumente und ihre Wirkung

Herr Silber, das Besondere Ihrer Klangtherapie besteht darin, dass Sie mit so genannten archaischen Instrumenten arbeiten: Trommeln, Klangschalen, Didgeridoo, Monochord, Gong und Tampura. Warum gerade diese archaischen Instrumente?

Wir nennen diese Instrumente archaisch, weil sie bereits aus der Frühzeit der menschlichen Entwicklung stammen. Archaisch heißt, sie sind praktisch zeitgleich mit der Entwicklung der menschlichen Kultur entstanden. Es hat sich gezeigt, dass die menschliche Entwicklung und die Entwicklung von Musik nicht voneinander getrennt werden können. Man kann sogar sagen: Die Kultur des Menschen ist ohne Musik nicht denkbar. Eine Vielzahl von Funden beweist, dass Musik schon in der Frühzeit der menschlichen Geschichte eine Rolle spielte. Eines der ältesten Instrumente, eine Flöte, fand man in einer Höhle der Schwäbischen Alb. Sie wurde auf das Alter von 35 000 Jahren datiert.

Archaische Instrumente zeichnen sich dadurch aus, dass sie weniger Melodien spielen können, sondern vielmehr Klänge produzieren. Und diese Klänge haben die Eigenschaft, dass sie sozusagen unter Umgehung unseres rationalen Bewusstseins in tiefere Schichten sowohl unseres Leibes als auch unserer Psyche hinabdringen können. Wenn wir bereit sind, diese Klänge anzunehmen, uns für sie zu öffnen und sie in die Tiefe vordringen zu lassen, entfalten sie ihre Eigenschaften als Urstruktur, als Archetyp und erreichen so das Unbewusste, den Urgrund in uns.

Wo liegt für Sie, gehen wir einmal näher auf ein Instrument ein, das Besondere des Didgeridoo in der Klangtherapie?

Das Didgeridoo, ein Instrument der australischen Ureinwohner, ist sicherlich ein Urtyp eines Blasinstrumentes. Es besteht eigentlich nur aus einem Rohr, das heißt physikalisch gesehen aus einer schwingenden Luftsäule. Eigentlich kann es nur einen Ton hervorbringen, aber bei entsprechender Spielweise lassen sich viele zusätzliche Töne und Klänge erzeugen. Zum Grundton kommen die jeweiligen Obertöne hinzu, es kommt die Singstimme und die – physikalisch gesehen – Interferenzen zwischen diesen drei Klangquellen hinzu. Das heißt, es ist ein ganzes Spektrum von verschiedensten Schwebungen und Tönen, die diesem Instrument entlockt werden können. Schließlich ist es auch ein sehr rhythmisches Instrument aufgrund seiner besonderen Spieltechnik, der so genannten Zirkuläratmung. Diese Atemtechnik erlaubt es, einen ununterbrochenen Ton zu erzeugen, indem man während der Einatmung ähnlich wie bei einem Dudelsack den Mund als Luftreservoir benutzt. Durch die enge Koppelung des Atems an den Rhythmus eignet es sich in besonderer Weise zur rhythmischen Strukturierung. Was dieses Instrument speziell für die Klangtherapie geeignet sein lässt, sind zum einen seine klanglichen Besonderheiten, zum andern folgende Möglichkeit: Man kann das Instrument in der Therapie direkt auf den Körper eines zu behandelnden Menschen auflegen und diesen unmittelbar in Schwingung versetzen, zum Beispiel auf die Brust, die Stirn, den Bauch, die Fußsohlen. Die Schwingung des Instrumentes überträgt sich unmittelbar auf den Menschen, und er fängt selbst an zu schwingen. Im Falle des Didgeridoo werden vor allem die Knochen zur Vibration angeregt. Dadurch kann der Patient in eine Tiefenentspannung geraten. Tiefenentspannung heißt, er kann von seinen Alltagssorgen ablassen, er kann den Körper entspannen. Der unruhige Geist kommt zur Ruhe und kann in tiefere Bewusstseinsschichten eintauchen. Gleichzeitig treten als Folge der Klänge eine Vielzahl von Reaktionen auf der physiologischen, der körperlichen Ebene auf: Die Atmung des Patienten wird ruhiger, der Herzschlag verlangsamt sich, die Muskulatur entspannt sich.

Das so genannte „Eintauchen in tiefere Bewusstseinsschichten" wurde übrigens in wissenschaftlichen Studien dokumentiert, und das macht das Didgeridoo letztlich heutzutage wieder so aktuell, dass es uns unsere verschiedenen Wesensschichten direkt spürbar werden lässt, dass sie mit seiner Hilfe nachempfunden werden können.

Ist die Reaktion immer Entspannung? Kann es nicht auch sein, dass dieses Instrument, dass diese Töne zur Verspannung führen?

Das ist sicher richtig. Jeder Mensch reagiert unterschiedlich. Obwohl die verschiedenen Instrumente ihre jeweilige Charakteristik haben, kann man ihre Wirkung im Einzelfall nicht mit absoluter Sicherheit voraussagen. Die Bandbreite der individuellen Reaktionen ist groß. Wenn wir jetzt das Eintauchen in tiefere Bewusstseinsschichten betrachten, so kann es selbstverständlich vorkommen, dass unangenehme Gefühle bis hin zu schweren Angstzuständen auftreten können. In der Schmerztherapie haben wir die Beobachtung gemacht, dass Schmerzen oft mit verdrängten Traumata, mit unbearbeiteten seelischen Prozessen verbunden sind. Das heißt, wenn wir uns diesen geheimen Quellen der körperlichen Beschwerden wieder nähern, dann treten die Prozesse, die sie ursprünglich mit verursacht haben, wieder in den Vordergrund und werden wieder aktuell spürbar. Das ist ja in der Psychotherapie ein gängiges therapeutisches Ansinnen, versteckte oder verdrängte Traumata und Prozesse wieder zu beleben, um sie dann bearbeiten zu können und zu lösen. Der Unterschied von der klassischen Psychotherapie zur Klangtherapie besteht darin, dass primär der Weg über den Klang und nicht über das Wort gewählt wird. Richard Wagner sagte einmal treffend: „Die Musik beginnt da, wo die Worte, die Macht der Worte, endet." Das ist genau das Thema der Klangtherapie. Die Musiktherapie ist entstanden aus der humanistischen Psychologie, die als Gegenströmung zur klassischen Psychoanalyse mit ihrer einseitigen Betonung der Wort- und Bedeutungsebene sowie der Ausgrenzung der Körperlichkeit definiert wurde. Musik- und Klangtherapie oder humanistische Methoden beziehen den Körper ein, beziehen das seelische Erleben ein und lassen nonverbale Methoden zu.

Es gibt viele Menschen, die über ihre Probleme nicht sprechen können und Schwierigkeiten haben, ihr seelisches Befinden zu artikulieren. Das liegt zum Teil daran, dass die Sprache sie nicht richtig ausdrücken kann, zum Teil aber auch daran, dass die verdrängten Prozesse so tief im Leib oder auch in der Seele abgekapselt sind, dass sie dem Bewusstsein, welches ja Voraussetzung für das Wort ist, gar nicht mehr zugänglich sind. Und an dieser Stelle setzt die Klangtherapie an. Sie ist somit in der Lage, eine Brücke zu schlagen zwischen Medizin, Psychologie und Psychotherapie. Sie ist auch der Ausdruck des Bemühens um eine umfassende Heilkunst, die dem Menschen in seiner Ganzheit und Vielfältigkeit gleichermaßen gerecht wird.

Bleiben wir noch beim Didgeridoo. Was kann es konkret bewirken? Kann es auch heilende Wirkung haben im medizinischen Sinne, also dass sich Steine lösen, dass sich Verkrampfungen lösen, dass sich Schmerzpartien lösen?

Wir müssen bei der Betrachtung von Klängen eigentlich stets mehrere Ebenen beachten. Da ist zum einen die erwähnte seelische Ebene, da ist zum anderen aber auch die ganz konkrete physiologische Wirkebene von Schwingungen. Wenn Sie jetzt das Didgeridoo ansprechen und ich Ihnen erzähle, dass wir zum Teil das Instrument auf den Leib eines zu behandelnden Patienten legen, dann sind da natürlich auch die physikalischen Schwingungen per se angesprochen. Wir werden später noch darauf zu sprechen kommen, welche Vielzahl von physiologischen Strukturen in unserem Organismus als Schwingung existieren und wie viele Resonanzphänomene bei Beschallung von außen auftreten können. Das Didgeridoo hat hier eine ganz wichtige Bedeutung, weil die Töne, die von ihm hervorgebracht werden können, sehr, sehr intensiv sind und daher in der Tat direkt physikalisch zu betrachtende Schwingungen auf den Patienten übergetragen werden können.

Diese Eigenschaft des Didgeridoos kommt auch gerade bei seinem Einsatz in der Schmerz- und Körpertherapie zur Geltung.

Diese archaischen Instrumente haben ja einen so genannten Sitz im Leben in einer bestimmten Kultur, das Didgeridoo in der australischen Kultur. Wurde auch dort das Didgeridoo, wurden auch dort die Instrumente schon als therapeutisches Mittel eingesetzt?

Ich denke schon. Das Didgeridoo kommt aus den Urzeiten der Menschheitsentwicklung zu uns. Wir haben es den Aborigines zu verdanken, dass sie dieses Instrument in die heutige Zeit herübergerettet haben. Es ist ein einfaches Rohr, ein bis anderthalb Meter lang, ein von Termiten ausgehöhlter Stamm eines Eukalyptusbaumes. Das Mundstück besteht aus Bienenwachs, die Blastechnik entspricht der der Trompete. In Borneo benutzen die Ureinwohner lange „Bambusflöten", die ebenfalls nur aus einem Rohr bestehen und ein ganz ähnliches Klangspektrum haben. Ähnliche Instrumente finden wir im tibetischen Rag-dung oder im Schofar der hebräischen Kultur. In unserer abendländischen Kultur kennen wir das Alphorn. Das sind alles Blasinstrumente, die erstens nur wenige Töne und zweitens sehr tiefe Töne hervorbringen. Beim Alphorn werden die Obertöne schon zum Melodiespiel eingesetzt, während das Didgeridoo noch urwüchsig und archaisch klingt.

Heilung, Kultur und Musik waren gerade in den frühesten Zeiten der Menschheitsgeschichte nicht voneinander zu trennen. Wie das Rag-dung und das Schofar wurde auch das Didgeridoo, besonders dessen große Variante, das Yurlunggur, fast ausschließlich zu zeremoniellen Zwecken benützt. Das Didgeridoo wird meist solo gespielt; gelegentlich aber auch zur Begleitung eines Sängers oder zusammen mit Perkussionsinstrumenten. Das in den letzten Jahren in Europa so beliebt gewordene Spiel im Ensemble wurde früher in Australien nicht praktiziert.

Die Zeremonie war in den alten Kulturen immer auch mit Heilungsriten verbunden, sei es als Gruppenheilung im Sinne eines Rituals, welches das Gemeinwesen prägt, stabilisiert und zusammenhält oder auch im schamanistischen Sinne als Heilung eines Individuums.

Die heilende Wirkung eines Instrumentes im Ritual wurde sicherlich noch durch seine spezielle mythologische Bedeutung verstärkt. Das Didgeridoo ist ein Symbol der Regenbogenschlange – insofern wird ihm die der Regenbogenschlange innewohnende Kraft zugeschrieben. Die Regenbogenschlange wird in der australischen Mythologie als Lebensspenderin der Menschheit betrachtet, als Ausdruck der kosmischen Schöpfungskraft, die letztlich alles auf Erden und im Universum gebiert und zusammenhält. In dieser Eigenschaft ist das Symbol der lebensspendenden Schlange kulturübergreifend: In Indien wird die Kobra als heiliges Tier der Hindus mit der Gottheit Shiva in Verbindung gebracht. Als Kundalini stellt sie zudem die Urkraft des menschlichen Organismus dar, die sich gleich der sich aufrichtenden Kobra entlang der Wirbelsäule erhebt und mit deren Hilfe unser physisches Wachstum zur spirituellen Dimension transzendiert. In Mittelamerika wiederum war es die gefiederte Schlange Quetzalcoatl, welche den Menschen die Musik vom Himmel auf die Erde gebracht hat.

Ihr Ansatz in der Klangtherapie besteht ja darin, dass die Menschen in einer Gruppe zusammenkommen, ruhig sind, sich hinlegen und dann die Klänge hören, die Instrumente hören, die sie aufgelegt bekommen und gleichzeitig eine Akkupunkturnadel gesetzt bekommen. Sie arbeiten nicht aktiv mit den Instrumenten. Aber gibt es nicht manchmal doch den Sprung von der Passivität zur Aktivität, dass Sie einem Patienten sagen: Versuch doch mal selbst ein Didgeridoo zu blasen? Warum empfehlen Sie das dann?

Der Sprung von der passiven zur aktiven Rolle der Teilnehmer kommt vor. Am Ende einer Klangsitzung kann es schon passieren, dass, speziell zur Einbringung des rhythmischen Elementes, den Klienten Trommeln oder andere Perkussionsinstrumente in die Hand gegeben und sie aufgefordert werden, sich zu bewegen, mitzutrommeln. Auch werden sie ermuntert, das Didgeridoo selbst in die Hand zu nehmen und zu versuchen, diesem Instrument Töne zu entlocken.

Ich habe die konkrete Erfahrung gemacht, dass das Didgeridoo für Patienten mit Atemproblemen, das heißt Menschen mit Bronchitis oder vielleicht sogar mit Asthma bronchiale hilfreich ist. Sie profitieren davon, wenn sie sich auf die Disziplin des strukturierten Atems einlassen, welche Voraussetzung für das Spiel des Didgeridoo ist, und tatsächlich dieses Instrument auch spielen können. Ich habe Menschen erlebt, die selbst nie geglaubt hätten, dass sie diesem großen Instrument einen Ton entlocken könnten. Aber es hat nach einigem Üben tatsächlich geklappt. Das war für diese Patienten ein sehr großes Aha-Erlebnis. Aber auch medizinisch gesehen war es ein Erfolg, weil die Atembeschwerden geringer geworden sind. Das sind noch keine großen Fallzahlen, die medizinisch publiziert wurden, aber es sind Einzelfallbeobachtungen aus meiner Praxis.

Trommel, Rhythmus, Kosmos – Perkussionsinstrumente und Klangschalen

Wir haben über das Didgeridoo gesprochen, kommen wir einmal zur Trommel. Was ist das Besondere der Trommel, welche Wirkungen entfaltet sie, aus welchem Kulturraum stammt sie?

Ich denke, es gibt keine Kultur, wo die Trommel als Instrument nicht benutzt wurde; sie ist wahrscheinlich noch älter als das Didgeridoo. Zum Trommeln reicht es, wenn Sie einen Stock in die Hand nehmen und auf einen hohlen Baum schlagen – das ist Trommeln. Die Verwendung von Trommeln zu rituellen Zwecken lässt sich durch archäologische Funde weit zurück datieren. In der Ukraine wurde ein Mammutschädel gefunden, der zu einer Zeremonientrommel umgebaut wurde; er wurde auf ein Alter von über 10 000 Jahren geschätzt.

Bei der Herstellung von Trommeln oder Perkussionsinstrumenten sind der Phantasie des Menschen keine Grenzen gesetzt: Das Instrumentarium reicht von aufwendigen Instrumenten aus ausgehöhlten Baumstämmen, die mit Tierfellen bespannt werden, bis zu getrockneten Kürbissen, von der riesigen Gongtrommel Japans bis zur Rassel aus getrockneten Bohnen.

Trommel heißt Rhythmus. Rhythmus heißt Struktur unseres Lebens. Wenn wir betrachten, wo Schwingungen und rhythmische Strukturen auftreten, dann sind wir mittendrin in der Betrachtung unserer Umwelt. Wir können erkennen, dass sie in rhythmischen Strukturen organisiert ist, sei es im Großen – die Umläufe der Gestirne oder die Zyklen der Galaxien –, sei es im ganz Kleinen – die regelmäßigen Schwingungen der Atome, Moleküle und unserer eigenen körperlichen Strukturen. Unser Körper steht sozusagen im Mittelpunkt zwischen den Makro- und Mikrostrukturen der Schwingung. Etwas vereinfacht formuliert könnten wir wirklich sagen, der ganze Kosmos im Großen und im Kleinen besteht aus Periodik, aus Schwingung und aus Rhythmik.

Wenn wir die physiologischen Funktionen betrachten, zeichnet sich unser Organismus ebenfalls durch Rhythmik aus. Unsere Lebensspanne, unsere physiologischen Abläufe – der Schlaf, der Atem, der Herzschlag, die hormonellen Schwankungen, bei der Frau deutlicher als beim Mann, aber auch die Gehirnwellen bis hin zu den molekularen Strukturen – zeichnen sich durch Rhythmik und durch Periodik aus.

Leben bedeutet also Schwingung, Starre bedeutet Tod. Insofern ist es nur natürlich, dass der Mensch Bewegung und Schwingung in seine Ausdrucksweise mit einbezogen hat. Tanz und Musik sind die basalsten Formen der rhythmischen Struktur, der rhythmischen Expressivität. Und die Trommel ist das ursprünglichste Instrument dazu. Das heißt, Trommel und Bewegung, Trommel und Tanz, Tanz und Ritualtanz, Tanz und Kultur gehören untrennbar zusammen.

In animistischen Kulturen ist die Trommel die Donnerstimme des Einen da oben, der Hauptgottheit. In Asien wird Buddha mit der Trommel assoziiert, die Trommel als Ausdruck der ewigen Gesetzlichkeit des Kosmos verstanden, in der hinduistischen Kultur hat der Gott Shiva ebenfalls die Trommel in der Hand, die Trommel der Zerstörung, aber auch die Trommel der Neukreation. Das bedeutet, Leben und Tod, Zerstörung und Wiederauferstehung sind archaische Motive, die auch in der Musik nachvollziehbar sind und dort ihren Ausdruck finden.

Ist die Trommel das Instrument, mit dem es am leichtesten möglich ist, in eine Art Trancezustand zu kommen?

Es ist kein Zufall, dass in allen Kulturen die Schamanen die Trommel schlagen, dass die Trommel gar ihr wichtigstes Werkzeug ist. Die Trommel gewährleistet die Kommunikation mit der Unterwelt, die Trommel wird als Pferd zur Reise ins Zentrum der Welt erlebt. Die Trommel kann unsere Körperrhythmen aufgreifen, wobei unser basalster Rhythmus aus dem Herzschlag besteht, etwa sechzig bis siebzig Schläge pro Minute. Wenn wir von außen mit einem ähnlichen Rhythmus in Berührung kommen, synchronisieren sich der Herzschlag und der externe Rhythmus. Wenn der Rhythmus sich verändert, ändert sich der Herzschlag entsprechend. Ähnliche Resonanzerscheinungen treten auch im Bereich der Gehirnströme auf: Durch Tommeln mit etwa $4^1/_2$ Schlägen pro Sekunde – entsprechend einer Taktzahl von 67,5 pro Minute – werden die so genannten Thetawellen im Gehirn angeregt. Diese Gehirnwellen schwingen in eben dieser Frequenz und entstehen, wenn das Gehirn im Zustand zwischen Wach- und Schlafbewusstsein steht, in der Meditation oder bei traumähnlichen inneren Bildern.

Das heißt, monotone Rhythmen helfen, unsere Ratio in den Hintergrund zu rücken, damit Entspannung oder das Erfahren tieferer Bewusstseinschichten möglich werden kann. Dieses Phänomen wurde von Schamanen zu allen Zeiten genutzt.

Ist die Trommel nicht auch ein Instrument, das Kindern sehr liegt? Kinder können schon sehr früh trommeln.

Selbstverständlich. In der Therapie mit Kindern spielt die Trommel eine ganz wesentliche Rolle. Kinder haben das große Bedürfnis, sich zu bewegen, und sie können sich unbefangen musikalisch ausdrücken. Und die Trommel beziehungsweise die Schlaginstrumente überhaupt stehen da auf Platz eins. Neben der gestimmten Trommel haben wir zahlreiche Perkussionsinstrumente wie das Marimbaphon oder das Xylophon, wo das rhythmische Element des Sich-Bewegens, des Schlagens, langsam in die Dimension der Melodie hinführt. Es besteht ein fließender Übergang von der reinen Rhythmik hin zur Melodie und zum Klang, eine Sparte, die übrigens auch ganz hervorragend von der Steel Drum der Karibik ausgefüllt wird.

In Europa wurde das therapeutische Potenzial dieser rhythmisch-melodiösen Verbindung durch Carl Orff erkannt. Er entwickelte dafür eine Reihe von Instrumenten, die es gerade Kindern ermöglicht, sich spielerisch der Musik zu nähern und sich in Rhythmik und Bewegung, Sprache und Melodie auszudrücken. Die Entstehung der so genannten Musikkindergärten, in denen die Koordination und Schulung der kindlichen Motorik einhergeht mit dem Erlernen fundamentaler musikalischer Grundbegriffe, ist ohne die Orff'schen Instrumente nicht denkbar.

Eine wichtigere Rolle in der Klangtherapie hingegen haben zwei Perkussionsinstrumente der besonderen Art – die Ocean Drum und der Rain Stick. Die Ocean Drum ist eine relativ neue Erfindung. Sie besteht aus einer großen, flachen Trommel, die mit Bleikugeln gefüllt ist. Schlägt man die Trommel an, so klingt sie relativ scharf – wie eine Militärtrommel. Bewegt man sie jedoch sanft hin und her, so rollen die Bleikugeln herum und erzeugen dabei ein Rauschen, das der Brandung des Meeres zum Verwechseln ähnlich klingt. Etwas sanfter ist der Rain Stick – ein getrockneter Kaktus, dessen Stacheln nach innen gestoßen wurden. Wird der Stab bewegt, rufen die im Innern hinunterfallenden Stacheln ein regenähnliches Geräusch hervor. Beide Instrumente können gut bei Klangreisen eingesetzt werden.

Welchen Menschen würden Sie das Trommeln empfehlen? Ich meine, so wie Sie das Didgeridoo Menschen empfehlen, die Atemprobleme haben?

Trommeln ist sicher eine kollektive, eine gemeinschaftliche beziehungsweise Gemeinschaft bildende Tätigkeit. Allein zu trommeln macht nicht so viel Spaß. Die Trommel ist ein ausgesprochenes Gruppeninstrument. Wenn Sie einmal in Afrika waren, dann haben Sie gesehen, mit welcher Hingabe die Afrikaner mit ihrer reichen und langen Perkussionstradition mit diesen Instrumenten in der Gruppe spielen – und mit welcher Ausdauer.

Musik und Bewegung fließen in der Perkussion zusammen; darin besteht das Potenzial beider Medien. Es fällt einem Musikschüler leichter, einen schwierigen Rhythmus zunächst einmal körperlich auszudrücken, zu klatschen und mit den Füßen zu stampfen, bevor er ihn auf dem Instrument spielt.

Im gleichen Sinne kann bei einer Störung der Bewegungsfähigkeit das Einlassen auf einen Rhythmus, das Tanzen und Mitspielen helfen, die Bewegungskoordination zu harmonisieren. Nicht nur Kopf und Hände, sondern der ganze Körper wird vom Rhythmus ergriffen. Dies wird sowohl in der Therapie motorisch behinderter Kinder als auch in der Rehabilitation von Erwachsenen mit neurologischen Erkrankungen unter Verwendung einer großen Zahl von spielerischen Übungen eingesetzt.

Aber auch gesunde Menschen profitieren vom Trommeln. Der zwanglose körperliche Ausdruck in fließender Bewegung, der beim Spiel von großen Trommeln nicht weniger gefördert wird als beim Tanz selbst, verschafft eine Befriedigung, das Gefühl der Balance und Ausgeglichenheit. Der Musiker R. Flatischler hat zu diesem Zweck eigens eine den ganzen Körper einbeziehende Perkussions- und Bewegungsschule gegründet, die er „Ta Ke Ti Na" nennt. Aus diesen Ursilben werden unter Einbeziehung von Atem, Sprache, Händen und Füßen sowie unter Hinzufügen der Trommelsprache verschiedener Kulturen immer kompliziertere Rhythmen aufgebaut, die schließlich in einer Art archetypischer Bewegungs- und Rhythmusstruktur des Körpers münden.

Ist Trommeln so etwas wie nonverbale Kommunikation?

Jede Musik ist nonverbale Kommunikation, das ist ein Merkmal. Die Gruppe reißt mit, begeistert, stimuliert. Man kann sich musikalisch Passagen zuwerfen und weitergeben wie bei einem Stafettenlauf; das Aufkommen eines echten Gemeinschaftserlebnisses wird ermöglicht.

Eine ganz besondere Bedeutung in der Kommunikation hat die Trommel in Afrika: Sie diente traditionell zur Übermittlung von Nachrichten über große Entfernungen hinweg und bediente sich dabei einer ausdifferenzierten Trommelsprache.

Kommen wir zu den Klangschalen. Die Klangschalen setzen Sie ebenfalls in besonderer Weise ein. Sie setzen Klangschalen unterschiedlicher Größe und unterschiedlichen Materials zum Beispiel auf die Bauchpartie. Man spürt dann die Schwingungen. Was ist das Besondere dieser Klangschalen?

Klingende Gegenstände haben eine lange Tradition; in China wurden klingende Bronzeplatten schon im 2. Jahrtausend vor Christus verwendet. Metallene Schalen folgten wenig später. Sie dienten zunächst als Opferschalen, wurden aber auch ganz profan als Essgeschirr benützt. Die Trennung zwischen Alltagsgebrauch und zeremoniellem Einsatz wurde sicher nicht besonders scharf gezogen. Man nimmt an, dass die Schalen sich entlang der großen Karawanenstraßen im Großraum des Himalaya – Tibet, Nepal, Nordindien – verbreitet haben und so auch bis Japan und Südostasien gelangt sind. Aber auch die europäische Glocke ist eine nahe Verwandte der Klangschale. Ihr Ursprung liegt im vorderen Orient, die Technik des Glockengießens ist dort seit etwa 900 v. Chr. bekannt. Sie kam ab dem 6. Jahrhundert n. Chr. nach Europa. Obwohl sie auch als Signal- und Rhythmusinstrument diente, war ihre profane Nutzung eher selten. So sollte ihr Klang Unheil abwehren, auf die Gottheit einwirken oder die Gläubigen zum Gebet ermahnen. Dass die Glocke in Sagen als beseeltes Wesen erscheint, verleiht der Kraft Ausdruck, die in ihrem Klang schlummert. Es ist diese Eigenheit des Klanges, den sich auch die Klangtherapie zu Nutze macht.

Die Klangschalen, die wir heute einsetzen, sind hergestellt aus Metalllegierungen, zwischen fünf und zwölf Metallen je nach Qualität. Es sind dies unter anderem Kupfer, Zinn, Zink, Wismut, Eisen, Blei, Quecksilber, Silber und Gold. Sie sind entweder gehämmert und getrieben oder gegossen und nachgeschliffen. Es gibt aber auch Klangschalen aus Quarzglas, das sind neuere Entwicklungen aus den USA. Eine ganz besondere Variante sind die Klangschalen aus Ton, ganz einfach Tonschalen, wie sie als Blumentöpfe verwendet werden. Aufgrund ihrer Klangcharakteristik haben sie einen festen Platz im therapeutischen Klangarsenal. Während die Tonhöhe der tönernen oder metallenen Klangschalen nicht so genau bei der Herstellung vorausbestimmt werden kann, ist dies bei den Schalen aus Quarzkristall eher möglich.

Wie schon in der Zusammensetzung der Metalle eine gewisse Zuordnung zu bestimmten Planeten gegeben ist, können deren Klänge ebenfalls den so genannten Planetentönen entsprechen. Nach Hans Cousto erklingt der Ton eines Planeten, wenn die Frequenz seiner Umlaufbahn so oft oktaviert wird, bis sie im hörbaren Bereich liegt. Von Therapeuten mit einem astrologischen Hintergrund werden auf dieser Basis Behandlungskonzepte erarbeitet. Möglicherweise haben astrologische Querverbindungen zwischen Klang und Kalender in der Tat schon in den Ursprungsländern der Klangschalen eine Rolle gespielt. Dieser Ansatz ist für mich persönlich jedoch nicht so bedeutend; mir kommt es auf die individuellen Resonanzen eines Menschen mit einem Instrument an, eine Resonanz, die sich bisweilen auch nur auf eine bestimmte Körperpartie beschränken kann.

Klangschalen zeichnen sich dadurch aus, dass sie alle einen Grundton haben und dann je nach Spielweise bis zu fünf verschiedene Obertöne hervorbringen können. Die Spielweise hängt von der Beschaffenheit und dem Gewicht des Schlägels, seinem Material und seiner Oberfläche ab sowie von der Art und Weise, wie ich die Klangschale damit bespiele. Je nachdem, ob ich kräftig oder sanft anschlage, langsam oder schnell, ob ich einen kurzen Impuls gebe oder die Schale durch Reibung in Schwingung versetze, ob ich sie am Rand oder in Bodennähe berühre, verändert sich der Klang.

Der Klang einer einzelnen Schale ist fein und sanft, insbesondere das langsame Ausklingen hat etwas ganz Geheimnisvolles. Klangschalen im Ensemble gespielt erzeugen ein Klangspektrum, das sehr reich klingt . Das Zusammenspiel mehrerer Klangschalen ist deshalb so reizvoll, weil man die Vielfalt der Klänge, das Spektrum von Interferenzen und Wechselwirkungen nicht genau vorhersagen kann.

Man kann sich hervorragend auf die Klänge einlassen. Dadurch, dass sie relativ sparsam und bisweilen sehr, sehr leise sind, entstehen Konzentration und Ruhe. Schließlich entdeckt man in dem Grundklang die sich öffnende Vielzahl der Obertöne. Das aufmerksame Lauschen, Mitgehen und Mitfühlen führt den Spieler wie den

Zuhörer, das heißt den Therapeuten wie den Klienten, in einen Zustand besonderer Empfindsamkeit.

Auch hier also gilt wieder: Es sind weniger Melodien als vielmehr Klänge, die zur Versenkung und zum Lauschen anregen.

Legen wir nun eine Klangschale einem Patienten auf den Leib, müssen wir folgendes Phänomen bedenken: Wenn wir eine Klangschale mit Wasser füllen und sie dann spielen, so sehen wir auf der Oberfläche Schwingungsmuster mit Wellen und Knoten in wunderbaren geometrischen Formen. Sie haben eine innere energetische Struktur und werden als Mandalas sichtbar. Der deutsche Physiker Ernst Chladni hat diese Schwingungsmuster erstmals 1802 sichtbar gemacht; ihm zu Ehren werden sie Chladnische Klangfiguren genannt. Eine ganz besonders schöne Sammlung dieser Klangfiguren findet man im Bilderbuch von A. Lauterwasser. Die Intensität der Schwingung kann auch bei sanfter Spielweise so stark sein, dass das Wasser an den Wellenmaxima in sprühenden Fontänen kleiner Tröpfchen aus der Schale spritzt! Die Schwingungen sind nicht nur an der Oberfläche, nein, sie pflanzen sich in gleicher Weise in die Tiefe fort, das heißt, Klang ist ein strukturiertes dreidimensionales Schwingungsereignis im Raum.

Da der Mensch zu siebzig Prozent aus Wasser besteht und Wasser der beste Leiter von Schallwellen ist, wird offensichtlich, wie leicht diese Schwingungen und ihre Formen in den Leib eines Menschen, der direkten Körperkontakt mit einer Klangschale hat, eindringen.

Mit welcher Konsequenz? Klangschalen spürt man besonders intensiv, weil sie so lange schwingen?

Die Klangschale ist grazil, aber die Schwingungen breiten sich doch sehr tief im Körper aus. Dadurch können tiefere körperliche und seelische Schichten angesprochen werden.

Der Klang eines Didgeridoo beispielsweise ist wesentlich kräftiger und eindringlicher, ich empfinde, dass es mehr die Vibration von Knochen und Gelenken anregt, während die Klangschalen eher die wasserhaltigen Gewebe, die Weichteile und die Muskulatur in

Schwingung versetzen. Wir setzen die Schale auf – der Mensch wird selbst zum Klangkörper.

Aufgrund der ganz individuellen Resonanzen ist es möglich, dass die gleiche Schale bei verschiedenen Menschen unterschiedlich klingt. Ja, es können letztlich sogar Resonanzphänomene mit unserem feinstofflichen Körper, unserem Energiefeld oder der Aura auftreten.

Reagieren Männer und Frauen unterschiedlich auf die Instrumente Didgeridoo, Gong oder Klangschalen?

Ich würde da keine Geschlechtsspezifität herauskristallisieren. Vom Aspekt des Instrumentes her könnte man vielleicht sagen, das Didgeridoo ist eher ein maskulines Instrument. Ich kenne aber viele Frauen, die mit Begeisterung Didgeridoo spielen. Auch habe ich bisher nicht festgestellt, dass Frauen bestimmte Lieblingsinstrumente haben. Es ist der persönliche Hintergrund, der die individuellen Reaktionen auf die musikalischen Reize bestimmt. Ganz allgemein lässt sich jedoch beobachten, dass Frauen weniger Schwierigkeiten damit haben als Männer, sich in einen Klang hineinfallen zu lassen und sich für tiefere Erfahrungen zu öffnen.

Volle Intensität des Klangs – der Gong ist Sturm

Kommen wir zum Gong, einem sehr traditionsreichen Instrument ebenfalls mit asiatischen Wurzeln. Welche Bedeutung messen Sie diesem Instrument zu und wo hat der Gong seinen Sitz im Leben?

Der Gong ist von den archaischen Instrumenten, das heißt, eigentlich von allen Instrumenten, eines der gewaltigsten überhaupt. Während Klangschalen die leisesten, gerade noch wahrnehmbaren Töne hervorbringen können, so ist der Gong das genaue Gegenteil. Er hat eine Gewalt, eine Kraft, eine Wucht, die an die Grenze dessen geht, was ein Mensch psychisch und physisch ertragen kann. Der

Gong ist urgewaltig, der Gong ist Sturm, Gewitter, er überschwemmt nahezu.

Der Gong kommt aus Süd- und Ostasien und wurde dort wie die anderen klingenden Objekte, die Glocke, die Metallplatten, die Klangschalen, rituell im Tempel eingesetzt. Aufgrund seiner mächtigen, ja unheimlichen Ausstrahlung besitzt er einen geradezu schaudernd Ehrfurcht gebietenden Charakter.

Es gibt gegossene und gehämmerte Gongs, Flachgongs und gebuckelte Gongs, die Größe reicht von dreißig Zentimetern bis hin zum größten von über einem Meter fünfzig Durchmesser. Der Buckelgong ist meist gegossen und gleicht in seinem inneren Aufbau einer großen Membran. Er produziert weniger Obertöne, dafür aber einen ungeheuer intensiven, starken Mittelton. Der in Europa eher übliche Konzertgong ist gehämmert, also eine große getriebene Metallscheibe, sehr obertonreich und enthält das gesamte Frequenzspektrum. Je nach Spielweise ist natürlich auch der Gong leise, aber er verführt schon aufgrund der Fülle seiner Klangvarianz zum kräftigen Spiel.

Ein gewöhnliches Instrument wird vom Menschen gespielt und beherrscht. Das Geheimnis des Gongspiels hingegen besteht in der Eigenheit, dass der Gong mit dem Menschen spielt! Das Feedback, das der Gong auf einen vom Spieler gesetzten Impuls gibt, das heißt die Art seiner Reaktion, kann wesentlich unerwarteter sein als bei einem anderen Instrument und beinhaltet stets das Moment der Überraschung. Es benötigt viel Feingefühl, dies abzuschätzen. Das Kennenlernen eines Gongs ist ein ganz besonderes Sich-Herantasten, um eine Beziehung zu diesem Instrument zu entwickeln.

In der Vielzahl seiner Ausdrucksmöglichkeiten und in der Fülle seines Frequenzumfanges vereint der Gong alle vorgenannten Instrumente in sich. Entsprechend vielfältig sind auch die von ihm hervorgerufenen Wirkungen.

Oft ist es so, dass der Boden, der ganze Raum, in welchem der Gong gespielt wird, in Schwingung gerät. Entsprechend tief dringen diese auch in die Menschen ein, und zwar mit einer Intensität, die es unmöglich macht, sich dagegen zu wehren, selbst wenn man es wollte. Der unmittelbare Übergang von der körperlichen zur emotionalen, seelischen Wirkung ist beim Gong noch direkter als bei den anderen Instrumenten. Das von ihm hervorgerufene Spektrum von Empfindungen ist gewaltig.

Das Monochord – eine Brücke in andere Welten

Wo hat das Monochord seinen Sitz im Leben und wie würden Sie die Besonderheiten dieses Instruments beschreiben?

Das Monochord kommt aus dem frühen europäischen Kulturraum; sein chinesisches Pendant ist die Qin, die aus der Mythologie grauer Vorzeit stammt. Das Monochord ist ein Prototyp der archaischen Instrumente. Eine Schnur schwingt, der Bogen ohne Pfeil schwingt auch, das Monochord hat sich daraus entwickelt. Eigentlich ist es nur ein viereckiger Kasten mit einer einzigen Saite, später kam ein verstellbarer Steg hinzu. Pythagoras hat bereits mit ihm experimentiert und die heute noch gültigen harmonikalen Strukturen entdeckt und festgelegt.

Die heute gebräuchlichen Monochorde besitzen bis zu sechzig Saiten. „Mono“ heißen sie deshalb noch zu Recht, weil sie alle im gleichen Ton gestimmt sind, zumeist auf Cis oder G. Da es nicht möglich ist, alle Saiten physikalisch exakt gleich zu stimmen, entstehen winzigste Tonhöhenunterschiede zwischen den einzelnen Saiten. Wenn man nun beim Spielen des Instrumentes mit unterschiedlicher Intensität über all die Saiten streift, hat dies zur Folge, dass zarte Überlagerungen, Schwebungen und Interferenzen entstehen, die wiederum den Reichtum an Obertönen und den vollen Klanggehalt dieses Instrumentes ausmachen. Weiche, sanfte, dem Windhauch ähnelnde Klänge sind für das Monochord charakteristisch.

Es gibt kleine Monochorde; das kleinste, das ich besitze, ist einen knappen Meter lang, es eignet sich sehr gut, um es beispielsweise auf einem Krankenbett aufzustellen. Es gibt aber auch große Monochorde, die in den letzten zwanzig Jahren in Europa entwickelt worden sind, so genannte Liegemonochorde. Auf ihnen werden Patienten mit Klängen bespielt.

Mit welchem Erfolg?

Der behutsame, weiche Klang des Instrumentes umhüllt den darauf Liegenden wie der Wind. Auch wenn das Monochord sehr sanft klingt, so ist seine Wirkung doch sehr weit reichend: Tiefenentspannung, Muskellockerung und das Öffnen tieferer Ebenen des Bewusstseins können ohne Mühe ausgelöst werden.

Hierbei kann ein interessantes Phänomen auftreten: Wenn das Instrument für einen bestimmten Patienten gespielt wird und der Spieler sich ganz auf diesen Patienten einlässt, muss ein dritter Zuhörender das nicht unbedingt als harmonisch empfinden. Die Resonanzfähigkeit des Patienten hat eine unmittelbare Auswirkung auf die Spielweise des Therapeuten. Es findet sozusagen eine permanente Rückkoppelung zwischen Therapeut und Patient statt, deren Medium im Klang des Instrumentes besteht. Das bedeutet, die individuelle Einschwingung zwischen Spielendem und Bespieltem ist ein ganz wesentliches Element der Behandlung.

Sie sagen, das ein Meter lange Monochord eignet sich, um auf ein Krankenbett gesetzt zu werden. Ich nehme an, Sie haben es schon mitgenommen, auf ein Krankenbett gesetzt. Was möchten Sie dann damit erreichen? Ruhe, Stille, Lockerung?

Ich bin auf die Idee gekommen, als ich eine sterbende Patientin zu betreuen und zu behandeln hatte. Ich beobachtete, wie die Familie sich sehr rührend um diese Dame kümmerte. Ermutigt durch die Erfahrungen mit den Klängen des Monochords und weil in anderen Kulturen Musik dieser Art auch bei Sterberitualen benutzt wird, entschloss ich mich, dieses Instrument einfach einmal vorzustellen. Ich habe das Instrument mitgenommen, der alten Dame auf das Bett gesetzt und sie gebeten, einfach einmal zu lauschen. Sie war vom ersten Moment an völlig überwältigt von dem Klang und bat mich, ihr das Instrument da zu lassen. In den letzten Wochen, die der Dame noch an Lebenszeit geschenkt waren, wurde das Spielen des Monochords zu einem täglichen besinnlichen Ritual. Es wurde zum Mittelpunkt einer Art täglicher Andacht; es wurde zum Mittler in der Kommunikation mit den Angehörigen, die das Instrument gespielt haben, nachdem die Dame dazu nicht mehr in der Lage war.

Nach ihrem Tod wollten die Angehörigen das Monochord behalten und haben es mir abgekauft. Das Instrument war zu einer Art Brücke geworden: einerseits zwischen der Sterbenden, die sich nicht mehr artikulieren konnte, und den Angehörigen, andererseits für die Sterbende auf ihrem Weg, diese Welt zu verlassen.

Bei der Besprechung dieser Instrumente war und wird immer wieder die Rede davon sein, dass durch sie die Öffnung zum „Jenseits" erleichtert oder gebahnt wird. Durch die Art und Weise, wie diese Familie lernte, das Monochord zu spielen und seine Klänge umzusetzen, habe ich dies von ganz nahe erleben dürfen.

Verwenden Sie denn auch noch andere Saiteninstrumente?

Neben dem Monochord spiele ich sehr gerne die Tampura. Die Tampura ist ein Saiteninstrument, das aus Indien stammt und aus einem großen Kürbis als Bauch mit einem etwa ein bis andertalb Meter langen Hals aus Holz gebaut ist. Sie besitzt vier oder fünf Saiten, die in Quart- und Oktavabständen frei schwingen und nicht gegriffen werden. Das Besondere an diesem Instrument ist der Steg, der im Gegensatz zu dem einer Geige etwa 2,5 cm breit ist und an dem die Saiten ganz flach tangential vorbei laufen. Dadurch „scheppern" sie gewissermaßen beim Schwingen dagegen und es entsteht der für dieses Instrument so typische langschwingende, schnurrende Klang. Er hat eine gewisse Ähnlichkeit mit dem des Monochords, besitzt aber doch seine unverkennbaren Eigenheiten. Die Spielweise ist kontinuierlich, aber wegen der deutlich hörbaren Einzelsaiten ist der Klang doch stärker rhythmisch strukturiert.

Die Tampura ist das Begleitinstrument der indischen Musik par exellence. Der von ihr erzeugte fließende Klang liefert den beständig gespielten Grundton, die stimmungsmäßige Basis, auch Bordunton genannt, auf den sich die Melodieinstrumente oder die Stimme beziehen können.

Bei der Anwendung zur Klangtherapie kann sie problemlos auch solo gespielt werden; sie kann allerdings festgelegte Assoziationen zu Indien wecken, die nicht beabsichtigt sind.

Die Obertöne – das Innenleben der Klänge

Herr Silber, ein Begriff fiel bisher häufig im Zusammenhang mit den archaischen Instrumenten – der Oberton. Was hat es mit diesem Oberton auf sich?

Bevor ich näher auf die Gemeinsamkeit der Instrumente in Gestalt ihres Reichtums an Obertönen eingehe, müssen wir einen kleinen Ausflug in die Physik machen und den Begriff Oberton genauer ansehen.

Sie haben eine Saite, die schwingt in einem bestimmten Ton. Wenn Sie die Saite halbieren, dann schwingen beide Hälften in der doppelten Frequenz – es erklingt die Oktave. Wenn Sie die Saite weiter unterteilen, und zwar stets in ganzzahligen Verhältnissen, so erhalten Sie alle natürlichen Intervalle, die in der Musik vorkommen:

2:3 die Quinte, 3:4 die Quarte, 3:5 die große Sext, 4:5 die große Terz, 5:6 die kleine Terz, 5:8 die kleine Sext, 5:9 die kleine Sept, 8:9 die große Sekunde, 8:15 die große Sept, 15:16 die kleine Sekunde, 32:54 der Tritonus.

Da es sich hierbei um einen naturgesetzlichen Vorgang handelt, werden die Töne dieser so entstehenden Tonleiter auch „Naturtöne" genannt. Pythagoras hat diese Töne entdeckt und als erster systematisiert. Die von ihm und seinen Schülern gefundene Tonleiter, die diatonische Tonleiter, war immerhin 1500 Jahre lang in Europa gültig, bis sie durch die wohltemperierte Stimmung in der Zeit von J.S. Bach erweitert oder abgelöst wurde.

Diese Teiltöne schwingen aber nicht nur, wenn Sie einen Steg unter die Saite klemmen und diese somit verkürzen, sondern sie schwingen auch mit, wenn die Saite im Ganzen schwingt. Leise, kaum wahrnehmbar, aber im Tonraum oberhalb des Grundtones stets vorhanden, eben die „Obertöne".

Obertöne werden im Englischen „harmonics" genannt, das heißt, hier wird bereits mit dem Begriff auf die innere harmonikale Struktur eines Tones hingewiesen. Sie sind, wie gesagt, physikalische Zwangsläufigkeit eines jeden Tones. Sie sind bei jeder Art der Klangerzeugung stets vorhanden. Der unterschiedliche Grad ihrer Betonung, beziehungsweise ihr Mischungsverhältnis, bedingt den individuellen Klang eines jeden Instrumentes wie auch einer jeden menschlichen Stimme. Darum klingt beispielsweise eine Trompete bei der gleichen Tonhöhe ganz anders als eine Violine. Ein Sinusgenerator aus der Physik hingegen klingt deshalb so leblos oder trocken, weil er keine Obertöne besitzt.

Um beim Beispiel des Monochordes zu bleiben: Sechzig Saiten an einem Holzrahmen können nie hundertprozentig identisch und rein gestimmt werden; zu den natürlichen Obertönen jeder einzelnen Saite, die sich sechzigfach addieren, kommen winzige Überlagerungen und Schwebungen hinzu, die dann den wunderbaren, vielschichtigen Klang dieses Instruments ausmachen. Sechzig gleich gestimmte Sinusgeneratoren hingegen ergeben nur einen einzigen lauten Brummton.

Man kann den Oberton mit dem Licht vergleichen. Das weiße Licht der Sonne enthält das gesamte Farb- und Frequenzspektrum, aber erst die Brechung durch den Wassertropfen offenbart den Regenbogen. Genauso ist es mit einem natürlichen Ton. Man betrachte ihn „unter dem Mikroskop" – er enthält keimhaft immanent das gesamte Frequenzspektrum, alle Intervalle, alle Harmonien, die ganze Musik, das ganze Universum. Der Obertonsänger Michael Vetter bezeichnete das im Untertitel einer Schallplatte sehr treffend als „das Innenleben eines Tones", das es zu entdecken gilt.

Das gemeinsame Charakteristikum der bisher besprochenen Instrumente ist ihr Obertonreichtum. Wenn wir europäische Musik der späteren Zeit hören, dann wird ein Ton eher als eine physikalisch definierte Frequenz angesehen. Das heißt, der Ton G muss auch immer genau als G klingen. Wenn wir einen Gong oder ein Monochord spielen, dann erklingt zum Ton G, der auch vorhanden ist, zusätzlich noch das Spektrum der Obertöne. Wir sprechen daher bei diesen Instrumenten nicht von Tönen im strengen physikalischen Sinn, sondern von Klängen.

Ist die Zahl der Obertöne begrenzt?

Wenngleich die Intervallabstände mit zunehmender Tonhöhe immer kleiner werden, so hört die Naturtonleiter ebenso wie die natürlichen Zahlenreihe dennoch nicht auf, sie ist unendlich. Auch wenn sie im Unhörbaren verklingt, hört die Obertonreihe nie auf. Diese unmittelbare Nähe zur Unendlichkeit, die sich zunächst ganz nüchtern physikalisch erklären lässt, sich aber dann schnell der Unendlichkeit der spirituellen Dimension nähert, macht die Beschäftigung mit Obertönen zu einem so besonderen Erlebnis. Wir finden bereits hier eine Erklärung dafür, warum sich Mystiker zu allen Zeiten mit Musik, genauer gesagt mit obertonreicher Musik, beschäftigt haben.

Das biblische Bild der Jakobsleiter ist ein Symbol der Naturtonreihe als kosmische Oktave, die als Treppe von der Erde zum Himmel führt.

Unterscheidet sich obertonreiche Musik prinzipiell von Musik mit konventionellen Instrumenten?

Obertöne sind selbstverständlich bei allen Instrumenten der Welt vorhanden. In ihrer musikalischen Wertung hingegen gibt es erhebliche Unterschiede.

Die Musik früherer Kulturen und die Musik des Ostens – wir werden im Kapitel über die Kulturen noch genauer darauf zu sprechen kommen – legten großen Wert auf den Obertonreichtum. Die

Modalität der Musik, das heißt Musik mit gleich bleibendem Grundton, ein Kennzeichen aller Musiktraditionen außerhalb Europas, ist besonders dazu geeignet, das Obertonbewusstsein zu entfalten, weil im modalen System die Obertöne einer Basis zusammen harmonieren. Anders im Westen, wo die Bedeutung des Basistones hervorgehoben wird, die Obertöne aber negiert oder als Nebensächlichkeit in Kauf genommen werden. Je rationaler die Menschen wurden, desto geringer wurde das Interesse an Obertönen. An Bedeutung hingegen gewann der reine, physikalisch exakt zu definierende Grundton.

Musik spielt sich hier in einer horizontalen Abfolge von Tönen ab – bei obertonreicher Musik hingegen kommt die vertikale Achse hinzu und eröffnet somit neue Räume.

Mit J. E. Berendt kann man etwas überspitzt sagen, dass die westliche Musik mit den Tönen das getan hat, was Descartes mit der Natur tat: Sie hat sie abstrahiert, isoliert, sie aus ihrem natürlichen Zusammenhang herausgelöst. So ist es folgerichtig, dass unser System als „Funktionsharmonik" bezeichnet wird. Es muss im Sinne rationalen Denkens funktionieren: der einzig gemeinte Ton in Bezug auf seine Nachbartöne. Hier schwingt nicht mehr die Natur, sondern des Menschen Wille mit seinem Hang, eigene Abläufe zu schaffen.

Die Obertonmusik hingegen ist von einem Gewährenlassen gekennzeichnet. Der Musiker gibt einen Impuls – worauf sich die Obertöne spielerisch im Klangraum selbstständig entfalten. Der Mensch fungiert hierbei nicht als Schöpfer einer komponierten Musik, sondern als beobachtender Teilnehmer. Obertonreiche Musik ist ein System der Verbundenheit, die Töne sind nicht getrennte Einheiten, sondern schwingen im Feld beständiger Wechselwirkung.

Für den Zuhörer erzeugt sie ein partizipierendes Bewusstsein, jeder Ton schwingt im andern mit – auch in Resonanz mit dem Universum.

Hieraus leitet sich letztlich die therapeutische Bedeutung der archaischen Instrumente mit ihren Reichtum an Klängen im Obertonspektrum ab. Die physische und psychische Tiefenwirkung dieser Klänge kann man damit erklären, dass sie ein erlebendes Mitschwingen in vielen verschiedenen Ebenen und Bereichen unseres Organismus ermöglichen: Klänge und ihre Resonanz im Sinne einer ungebrochenen Ganzheit fließender Bewegung.

Als Sie beschrieben, wie Sie das Monochord eingesetzt haben bei einer Frau, deren Leben sich dem Ende zuneigte, kam mir der Gedanke – führt das Monochord zum Beispiel dazu, dass sich der Betreffende, dass sich seine Umgebung, wenn sie sich auf das Instrument und den Ton, den Klang konzentriert, zum Wesentlichen kommt, still wird, innehält? Ist das das Ziel?

Das ist *ein* Ziel. Wenn wir die Wirkung dieser Klänge genauer ansehen, dann stellen wir fest, dass das Sich-Einlassen auf diese Klänge uns auf geheimnisvolle Weise zu unserem Inneren führt. Sie stehen im Kontrast zu der Musik Europas der letzten Jahrhunderte, die mit ihrer intellektuellen Struktur, der Harmonik, der Melodiegestaltung, dem Aufbauen der Gesetzmäßigkeiten zu einer starken Beteiligung der Rationalität geführt hat. Die oben beschriebene Entfernung von den Obertönen rückt das menschliche Machen, die gewollte Gestaltung, die verstandesmäßige Strukturierung in den Mittelpunkt der Musik.

Ich möchte an dieser Stelle trotzdem betonen, dass die Gefühlswelt auch bei der europäischen Musik selbstverständlich immer vorhanden ist. Innerhalb ihres Systems haben die abendländischen Komponisten eine wunderbare Musik geschaffen, der es an Tiefe, Ausdruck und auch Spiritualität nicht mangelt. Dennoch geht es hier darum, was das Besondere dieser archaischen Klänge darstellt. Sie können Klänge hören und gleichzeitig die rationale Betrachtungsweise, wie sie bei einem europäischen Konzert vorhanden wäre, ablegen. Es ist irrelevant, darauf zu achten, ob die Interpretation eines Stückes gut oder schlecht ist, ob der Vortragende Fehler macht oder nicht. Das fällt alles weg, weil die Klänge per se neutral sind. Sie müssen sie nur auf sich wirken lassen

Die Reduktion auf das Wesentliche ist ein zentrales Phänomen dieser Klänge. Das heißt, die musikalische Essenz, wenn man das einmal so benennen will, drückt sich nicht in einer Vielzahl harmonikaler und melodischer Kunstfertigkeiten aus, sondern in der Sparsamkeit weniger Klänge, die dann aber unmittelbar erlebt werden können. Das ist eine meditative Technik ganz im Sinne von „weniger ist mehr". Die Arbeit dieser Klangsitzungen zielt genau darauf. Durch diese Reduktion auf das Wenige, das Einfache kann der unruhige Geist, kann der betrachtende Intellekt still werden und eine Öffnung im Ganzen, ein Fühlen mit Leib und Seele wird möglich.

Sie sagten, die Verwandten, die Angehörigen haben dann das Monochord gespielt. Kann jeder das Monochord einsetzen?

Das Monochord kann jeder einsetzen. Es ist technisch leicht zu spielen, sie müssen eigentlich nur mit der Hand über die Saiten streifen. Dennoch ist es ein Erfahrungsprozess, dieses Instrument gefühl- oder seelenvoll zu spielen. Das Über-die-Saiten-Streichen hat eine gewisse Ähnlichkeit mit dem Streicheln eines Tieres oder eines Menschen – die sanfte Berührung, die einfühlsame weiche Bewegung, die Art der Rückkopplung oder der unmittelbaren Antwort, die das Instrument in Form eines differenzierten Klanges zurückgibt. Die Schlichtheit, die sich als Reichtum und Klangfülle entpuppt, übt eine besondere Faszination aus. Das Monochord ist ein Instrument mit einer besonderen Ausstrahlung. Ich kann nur sehr empfehlen, sich auf dieses Instrument einzulassen.

Reduktion auf das Wesentliche – Musik und Meditation

Herr Silber, wir kommen nun zu dem Aspekt, den man unter die Überschrift „Musik und Meditation" setzen könnte: Was ist, nochmals zugespitzt, das Ziel Ihres Ansatzes?

Das Ziel dieses Ansatzes ist letztlich Heilung im umfassenden Sinne.

Heilung bedeutet auf einer oberflächlichen Ebene Freiheit von Schmerzen oder Krankheitssymptomen, und Heilung bedeutet im tieferen Sinne, mit sich selbst in allen Bereichen seines Daseins im Einklang zu stehen. Die Weltgesundheitsorganisation (WHO) definiert Gesundheit als Zustand des vollkommenen physischen, psychischen und sozialen Wohlbefindens. Das bedeutet, Gesundheit ist ein Prozess, der zwar von außen beeinflusst werden kann und immer im Wechselspiel mit den Lebensbedingungen zu sehen ist, im Wesentlichen aber die Grundeinstellung einer gestaltenden Aktivität des jeweiligen Menschen zur Voraussetzung hat. Der therapeutische Ansatz besteht nun darin, Strukturen im Menschen, die der Gesundheit dienlich sind, zu fördern, das komplexe und vielschichtige System der Eigenregulation des Organismus anzuregen. Es geht um die „Salutogenese", das heißt darum, gesund machende Strukturen zu erkennen und zu stärken, weniger um die „Pathogenese", das heißt, krank machende Strukturen – salopp ausgedrückt – zu reparieren. Der letztere Ansatz ist sicher im Alltag der klinischen Medizin wichtig, aber der salutogenetische Ansatz ist für die Heilung von innen heraus von essenzieller Bedeutung. Die Erkenntnis, die diesem Ansatz zu Grunde liegt, geht davon aus, dass der Mensch seine eigene Heilung, seinen Gesundungsweg, seinen zur Selbstverwirklichung führenden Lebensweg in eigener Verantwortung steuert. Die Klangtherapie kann dazu eine wichtige Hilfe sein.

Also heißt das, dass durch Klangtherapie die Selbstheilungskräfte mobilisiert werden?

Die Selbstheilungskräfte werden mobilisiert. Ein Medium dazu ist die verstärkte Möglichkeit der Einsicht, der Introspektion, der Selbstwahrnehmung, der Fähigkeit, sich auch in tieferen Schichten körperlich wie seelisch zu spüren.

Wenn jemand an dieser Therapie, an einer Klangerfahrung teilnehmen möchte, dann bedarf es aber dazu doch sicherlich einer besonderen inneren Einstellung und einer besonderen Disposition?

Die innere Einstellung besteht lediglich darin, dem Angebot beziehungsweise der Aufforderung, die diese Klänge beinhalten, nachzufolgen. Der Appell lautet schlicht und einfach: Sei offen, höre in dich hinein, beobachte dich, fühle, lausche, nehme wahr. Das spielt sich sowohl auf der rationalen als auch auf der emotionalen Ebene ab. Wir bewegen uns hier im Grenzbereich zwischen Meditation und Medizin. Der meditative Aspekt dieser Tätigkeit ist sowohl für mich als Ausführenden wie auch für die Teilnehmer von Bedeutung. Ich möchte das gerne erläutern: Musik ist, wie viele Mystiker sowohl aus dem europäischen wie auch aus dem asiatischen Kulturkreis immer wieder betont haben, nach der Meditation der beste Weg zur Selbstfindung oder zur Verwirklichung. Exemplarisch sei eine Äußerung von Hazrat Inayat Khan zitiert:

„Musik steht vor der Seele, ohne irgendein Bild, einen Namen oder eine Form dieser gegenständlichen Welt zu erschaffen, und so bereitet sich die Seele darauf vor, das Unendliche zu erfahren."

Die archaischen Instrumente erleichtern dieses „Erfahren des Unendlichen" in besonderer Weise, weil ihre Art der Musik insbesondere das Aufhören ermöglicht. Der Begriff „Aufhören" hat zwei Bedeutungsebenen, nämlich das Aufhören im Sinne von Beenden und Aufhören im Sinne von besonders genau Hinhören.

Ich habe davon gesprochen, dass durch das Weglassen von klassischer Harmonik, von Mehrstimmigkeit und auch von vielen Anteilen der melodischen Strukturierung die Musik auf das Wesentliche, das Einfache und das Grundlegende beschränkt wird. Das Wesentliche, der Klang, bewirkt, dass der nach Abwechslung, nach Vielfalt, nach intellektuellem Diskurs suchende, der rastlose, umherschweifende Anteil unseres Verstandes einen gewissen Reizentzug erfährt und dadurch ruhig werden kann. Dieses Zur-Ruhekommen, das Ruhigwerden des Geistes, der damit aufhört, rastlos ständig nach neuer Abwechslung zu suchen, ist eigentlich nichts anderes als die Definition des Yoga, wie sie schon 1000 v. Chr. von Patanjali schriftlich fixiert wurde: „Yoga ist das Beenden der ewigen kreisenden Gedankenbewegung." Erst die innere Ruhe, das Nicht-Tun, das Innehalten ermöglicht letztlich die Erfahrung des

Selbst in der Tiefe der Seele, was gleichbedeutend ist mit der Verbindung vom Persönlich-Seelischen zu einer höheren Dimension, zum Göttlichen. Ich möchte das auch als Mediziner so formulieren. Auch hier hilft uns die Bedeutung des Wortes „Yoga“ weiter, welches in seiner indogermanischen Wortwurzel – lateinisch „Jugum“ und deutsch „Joch“ – die Verbindung zweier Ebenen beinhaltet. Diese Verbindung zu einer tieferen Wirklichkeit ermöglicht die Erfahrung seiner selbst in einem größeren Zusammenhang. Hierfür ist der Klang, wie er von den beschriebenen archaischen Instrumenten ausgeht, eine unmittelbare Hilfe. Er ist eine Hilfe gerade für uns Europäer, die wir von einer gewissen Reizüberflutung belastet sind. Diese Form der klanglichen Reduktion hilft uns, uns auf weniger einzulassen und somit zum Wesentlichen, zum inneren Wesenskern vorzustoßen.

Das Sich-Einlassen ist wesentlich. Sich-Einlassen bedeutet, ohne rationales Wenn und Aber eine Atmosphäre, einen Eindruck, einen Klang erst einmal kommentarlos auf sich wirken zu lassen und dann zu spüren und wahrzunehmen, was da in Bewegung gesetzt wird.

Einlassen, loslassen, aufhören?

Mit diesen drei Worten können Sie die meditative Komponente dieser Tätigkeit gut charakterisieren. Das Loslassen heißt auch, das Festhalten an vertrauten Strukturen aufzugeben. In der psychotherapeutischen Terminologie bedeutet dies: Widerstände abbauen, Loslassen von Zwängen, Loslassen von Fixierungen, Loslassen von eingefahrenen und bequemen oder nicht hinterfragten Verhaltensweisen und Denkschemata, um auf das Wesentliche zurückzukommen. Das Wesentliche sehe ich in der Einheit von körperlichem, psychischem und seelischem Fühlen.

Hindernisse auf diesem Weg sind Schmerzen, Krankheit, Konflikte. Die Klangtherapie bietet uns jedoch die Möglichkeit, körperliche oder psychodynamische Blockaden in ihrer Tiefe zu erspüren, wahrzunehmen und aufzudecken. Die echte Meditation ist sicher erst dann erfolgreich, wenn es keine Blockaden auf dem Weg hierzu mehr gibt, das heißt, wenn keine Schmerzen mehr bestehen oder keine schwer wiegenden psychischen Traumata diesen Weg versperren. Der Klang ist ein Weg, ist eine Hilfe, diese Hindernisse zu überwinden.

Sie sprechen von der Einheit von Seele und Leib, wenn man es so will, die notwendig ist, die wieder hergestellt werden soll. Rühren viele Krankheiten heute letztlich daher, dass diese Einheit von Körperlichkeit und seelischen Funktionen gestört ist?

Das kann man durchaus so sagen. Es ist das Anliegen der ganzheitlichen Medizin, die ihre Anfänge auch im Fach der Psychosomatik gefunden hat, den Mensch als ganzes Wesen, als eine Einheit von Seele und Leib zu sehen, zu spüren und auch zu behandeln. Der anthropologische Arzt Viktor von Weizsäcker hat das sehr schön formuliert. Er sagte nämlich in der Diskussion um die seelische oder die körperliche Ebene: Es ist nicht einzusehen, dass der Sprung zur Psyche für eine Leberzelle schwieriger sein soll als für eine Gehirnzelle. Damit zeigt er die prinzipielle Einheit auf. An anderer Stelle sagte er: Nichts Leibliches ist ohne Sinn und nichts Seelisches ohne Leib.

Die Auffassung, dass das Gehirn unser alleiniges Wahrnehmungsorgan darstellt, ist unzutreffend. Vielmehr fungiert der Leib in seiner Gesamtheit als Wahrnehmungsorgan. Insofern ist auch die Umkehrung zutreffend, dass der ganze Körper Ausdrucksorgan für seelische Prozesse ist.

Wir müssen prinzipiell von einer Einheit des Menschen trotz aller Teilbereiche ausgehen. Der Erfolg der klinischen Medizin in den letzten einhundert Jahren ist sicher zum Teil darin begründet, dass sie in Teilbereichen verschiedene Ebenen getrennt anging und dort isolierte Höchstleistungen vollbracht hat. Das ist wunderbar und wichtig, aber es besteht die Gefahr, dass dabei übersehen wird, dass der Mensch mehr ist als die Summe seiner Einzelfunktionen. Ich rede hier überhaupt nicht gegen eine organisch fundierte Medizin, sondern mir geht es um die Ausdehnung des Gesundheits- und Krankheitskonzeptes von allen Teilaspekten hin zu einer Gesamtheit.

Speziell auf die Situation in der Klangtherapie bezogen, ist es verblüffend zu beobachten, wie direkt Klang sowohl seelisch als auch körperlich, also auf beiden Ebenen, wirkt. Das macht die Arbeit mit dem Klang so faszinierend, dass beide Ebenen stets zusammen in einer Einheit berührt und erfahren werden.

Kommen wir noch einmal auf die Meditation zu sprechen. Die Meditation hat zum Ansatz zunächst einmal das Aufhören. Aber worauf muss der Meditierende hören?

Meister Eckhart formulierte es so: „Wir hören viel, aber wir hören erst eigentlich, wenn wir die wirren Stimmen haben sterben lassen."

Aufhören heißt Beenden. Wir haben davon gesprochen, die Unruhe des Geistes abzulegen, wir haben davon gesprochen, dass der Wegfall der Harmonik die Besinnlichkeit auf das Wesentliche erleichtert – auf das Wesentliche sowohl im Klang als auch auf das Wesentliche in unserem Innern.

Die schon erwähnte zweite Bedeutungsebene des Aufhörens heißt: Aufhören im Sinne von ganz besonders genau Hinhören. Hier kommen wir zu einem Begriff, der aus der meditativen Praxis herrührt, der Konzentration auf eine Sache, das heißt die Aufmerksamkeit, die Achtsamkeit. Meditation ist nicht schläfriges Geborgensein in oberflächlichem Wohlbefinden, sondern Meditation ist im Gegenteil maximale Aufmerksamkeit, höchste Achtsamkeit und Konzentration. Nur dass eben diese Art der Konzentration zu einer psychophysischen Entspannung führt.

Auf was müssen wir genau achten? Es gibt Meditationsschulen, die mit optischen Medien arbeiten, es gibt Meditationsschulen – zu diesen gehören die Zen-Buddhisten – die lediglich auf den Geist und seine Bewegungen als solche achten; das sind nicht ganz einfache Praktiken. Auf die Rolle des Atems komme ich später zu sprechen. Der Klang eignet sich in besonderer Weise als meditativer Weg, in dem die Klänge selbst Gegenstand der Wahrnehmungsbetrachtung werden.

Wenn wir auf diese Klänge gemäß dem Motto „Weniger ist mehr" lauschen, wird uns allein auf der Ebene der Wahrnehmung deutlich, wie vielgestaltig diese Klänge sind; das heißt, schon die sinnliche Wahrnehmung verändert sich im Sinne einer Erweiterung. Das imaginäre Mikroskop der Achtsamkeit offenbart uns ein Universum aus zarten, verschiedensten Klängen, sich entfaltenden Obertönen, Verwebungen und Resonanzen, speziell wenn beispielsweise mehrere Klangschalen gleichzeitig gespielt werden. Die zarten Schwebungen des Monochords enthalten bei genauem Hinhören eine Fülle von Differenzierungen mit verblüffenden Obertonmelodien, die sich selbstentwickelnd aus dem Urklang erheben und dem oberflächlichen Hörer vollkommen entgehen. Auch besitzen die Klänge nicht eine eindimensionale, lineare Ausbreitungsachse, sondern sie breiten sich dreidimensional im Raum aus, erschaffen dadurch ein Raum-Klang-Feld, welches unseren Körper mit einbezieht und die bereits angesprochenen besonderen Wirkungen hervorruft. Im Stadium der vermehrten Aufmerksamkeit ist es uns möglich, die Klang-Raum-Körper-Veränderungen wahrzunehmen und mit Erleben zu bereichern.

Der therapeutische Aspekt der Achtsamkeit ist folgender: Ich spüre in mich hinein, ich beobachte, wie die Klänge in mir wirken. Ich beobachte, welche Regungen, welche Schwingungen, welche Resonanzen auftreten.

Diese können körperlicher wie seelischer Art sein. Das heißt, mit der körperlichen Wahrnehmung beachte ich: Bekomme ich oder verändern sich Schmerzen? Verändert sich eventuell meine Atmung? Verändert sich mein Temperaturempfinden? Bekomme ich Herzklopfen oder Schweißausbrüche? Verändert sich meine Körperwahrnehmung insgesamt? Aber auch im Seelischen entstehen Resonanzen und Veränderungen: Welche Gefühle werden in mir wachgerüttelt? Bekomme ich Angst oder werde ich traurig? Sehe ich Farben oder Bilder? Welche Eindrücke fallen mir auf? Öffnen sich mir Erinnerungen? Kann ich die Empfindungen, welcher Art sie auch seien, steuern oder bin ich ihnen hilflos ausgeliefert? Das ist ein breites Spektrum von Wahrnehmungen, die durch die Musik unmittelbar ausgelöst werden können. Mit Hilfe der geschärften Wahrnehmung können wir sie genauer betrachten.

Welche Bedeutung haben denn die Ruhephasen, die Phasen der Stille in dieser Sitzung?

Wer von Musik und Klang spricht, muss zwangsläufig auch von Stille sprechen. Bei einer Klangreise kommt es auf meine aktuelle, spontane Eingebung an, ob ich längere oder kürzere Stillephasen einbringe. Es ist sinnvoll, zwischen den einzelnen Abschnitten, auf die ich später noch im Einzelnen eingehen werde, auch Stillephasen einzuhalten, damit die Klänge der gerade erlebten Phase nachwirken und aufgenommen werden können.

Ganz allgemein gesprochen lebt jede gute Musik von der Stille. Bei der klassischen Musik bedeutet das die richtig gesetzte Pause, die richtige Verzögerung beim Rhythmus. Das ist es, was Musik lebendig macht. Wir haben im Zusammenhang mit der Meditation von der Wichtigkeit des Weglassens, des Aufhörens, des Beendens gesprochen. Das Weglassen, um auf das Wesentliche zu kommen, bedeutet auch das Weglassen von Klang. Das heißt, die Pause ist genauso wichtig wie die Musik selbst. Die Pause, die Stille, das ist das Atemholen beim Gesang oder das Innehalten zwischen zwei Atemzügen.

Die Pause ist ein Stilmittel zur Betonung der melodischen und rhythmischen Struktur, aber auch eine Möglichkeit, um die Stille zu vermitteln. Die Stille in der Musik wird in der chinesischen Tradition besonders betont. So gibt es in der Musik der Qin – das ist das traditionelle chinesische Saiteninstrument – Passagen, die praktisch klanglos gespielt werden. Die Saite wird weiter und weiter gegriffen, aber nicht mehr angeschlagen – hörbar klingt nichts mehr. Was aber noch klingt, ist jener unhörbare Klang, der nur noch dem Spieler mit dem offenem Herzen gewahr wird, aber nicht mehr dem physischen Ohr.

Aldous Huxley drückte es so aus: „Was nach der Stille am ehesten das Unausdrückliche ausdrückt, ist Musik."

Das bedeutet, die Stille ist der wahre Kern. Die Stille vermittelt die Begrifflichkeit der Leerheit, die eine wichtige Bedeutung in der buddhistischen Literatur hat, die frei von Struktur ist, aber die gesamte Musik keimhaft enthält. Aus der Stille kann sich alles entfalten. Stille bedeutet das Ausdehnen der musikalischen Erfahrung in einen Bereich, in dem die Anwesenheit von Klang überflüssig wird. Es ist sozusagen eine klangliche Askese, das Überschreiten einer Schwelle in einen letzten, leeren Raum.

Stille und Meditation sind fast zwei synonym zu gebrauchende Begriffe. Richtige Meditation wird sicherlich in Stille praktiziert. Die Musik jedoch ist uns eine große Hilfe. Ein Meditationsmeister fasst es in folgende Worte: „Letztlich ist Meditation nur in der Stille vollkommen, aber die richtige Musik ebnet uns einen Großteil des Weges." In der indischen Tradition hat die Stille nach dem Klang einen besonderen Namen. „Anahata Nada" ist der klanglose Klang, das ist der kosmische Klang, der in uns klingt, wenn wir jegliche äußere Ablenkung hinter uns lassen und nur in der Stille in uns hineinhören.

Dieser klanglose Klang bedeutet, dass wir in der Tat im Moment der größtmöglichen Stille unsere Lebensvorgänge, unsere rhythmischen Strukturen, unsere frequenzialen Lebensabläufe tatsächlich als stillen Klang nur mit dem inneren Ohr hören. Das ist eine hohe Kunst der Versenkung, die einer gewissen Übung bedarf. Das Pendant dazu wäre in der äußeren Welt des Kosmos das Hören der Sphärenklänge.

Kepler berechnete die Planetenbahnen und fand darin harmonikale, das heißt musikalische Strukturen. Der Begriff „Harmonia mundi", der Klang der Welt, ist von ihm nicht allegorisch, sondern wörtlich gemeint: An einem einsamen Fleck in der Natur, vorzugsweise auf einer Bergspitze, können wir die Bewegung der Welt als Musik hören – zumindest sagt uns das die Überlieferung der Mystiker. Der klanglose Klang im Innern und der kosmische Klang im Äußeren sind beide Offenbarungen, die nur in Momenten der völligen Stille für uns zugänglich werden.

Ist denn hier nicht letztlich Musik das Instrument, das Vehikel, um zur Stille, zur Meditation, zum eigentlichen Höhepunkt zu kommen?

Es ist sicher beides. Zum einen ebnet der Klang den Weg zur Selbsterfahrung in den verschiedenen Bewusstseinsschichten, zum anderen aber ist die folgende Stille die Frucht, die jetzt in der Wahrnehmung bearbeitet werden kann.

Achtsamkeit – frei werden von Ablenkung und Spannungen

Sie haben mehrfach einen Begriff gebraucht, Achtsamkeit. Könnten Sie näher erläutern, was darunter zu verstehen ist?

Achtsamkeit ist ein zentraler Begriff der Meditationslehre. Achtsamkeit ist nicht, wie das Wort „Achtung" unterstellen könnte, eine straffe, militärische Alarmbereitschaft, sondern Achtsamkeit ist eher im Sinne von achten, beachten, hüten, beschützen, wertschätzen zu sehen, auch im Sinne eines behutsamen Umgangs mit etwas. Das heißt, Achtsamkeit ist ein Zustand, in dem Herz und Geist frei von äußeren und inneren Spannungen, frei von Ablenkung, von Zwängen oder Bedingtheiten ganz wach, ganz lebendig für die Intensität eines Augenblicks geöffnet sind. Das englische Wort für Achtsamkeit, „mindfulness", drückt die Vielschichtigkeit des Begriffes plastisch aus. Man kann sagen, dass im Zustand der Achtsamkeit der freie Fluss des akzeptierenden Gewahrseins aller Wahrnehmung besteht, mit dem Ergebnis, dass die Grenze zwischen Ich und Umwelt, zwischen dem Subjekt und dem Objekt der Wahrnehmung, durchlässiger wird. Die Grenze zwischen mir und dem Klang, zwischen meinem subjektiven Erleben und dem Wahrnehmen des Klanges wird unscharf. Sie kann sich, indem ich den Resonanzen bis in mein tiefstes Inneres nachspüre, sogar auflösen. Ich kann mich in einem Fluss von Wahrnehmung, Klang und Resonanz in all meinen Bereichen empfinden.

Die Grenzziehung zwischen innen und außen wurde in mystischen Traditionen eigentlich schon immer eher als künstlich angesehen. Die Achtsamkeit ist ein Sich-Öffnen, ein Sich-voll-auf-die-Wahrnehmung-Einlassen, welches ein Sich-fallen-lassen-Können ohne Angst ermöglicht und die Grenzziehung zwischen Ich und der Umwelt auflöst. Damit kann ein Weg zur Überschreitung der Wahrnehmungsebenen hin zur Überschreitung gewohnter Bezugsrahmen ermöglicht werden, was letztlich mit dem Begriff Transzendenz ausgedrückt wird. Transzendenz in dem Sinne, die Beschränktheit der körperlichen Existenz im Hier und Jetzt zu überschreiten und zu einer seelischen Dimension vorzustoßen. Dies ist eigentlich das letzte Ziel der Meditation, aber auch letztlich das Ziel der Gesundwerdung, der Selbstverwirklichung, der Heilung.

Der Schriftsteller Hermann Hesse formuliert es treffend in seiner Erzählung „Klein und Wagner": „Die ganze Kunst ist, sich fallen zu lassen." Um es noch einmal deutlich zu formulieren: Meditation, das heißt Achtsamkeit, ist nicht antirational, sondern sie lenkt den wachen Geist vom diskursiv expansiv nach außen drängenden zu dem nach innen gerichteten sanften, vereinenden, wachen Gewahrsein. Entspannung ist nicht Schläfrigkeit, sondern sie benötigt im Gegenteil durch die Schärfung der Wahrnehmung ein Maximum an Aufmerksamkeit bei klarem Verstand mit einem bedingungslos geöffneten Herz und Geist.

Aber heißt das, ich erfahre bei der Klangtherapie durch die archaischen Instrumente, durch den Kontakt mit den Instrumenten meine Körperlichkeit irgendwie ganz neu und diese Entdeckung meiner neuen Körperlichkeit ermöglicht auch einen neuen Zugang meines Geistes zu einer neuen Sicht der Dinge?

Es ist beides vorhanden, die Körperlichkeit und die seelische Wirkung. Wenn Sie von Schmerzen geplagt sind, dann haben Sie sicherlich Schwierigkeiten, sich auf die Möglichkeit der Transzendenz des Geistes einzulassen. Im Vorfeld sollten Schmerzen bereinigt werden. Das ist daher zunächst das unmittelbare Anliegen der Therapie: den Schmerz, die Krankheit zu überwinden. Aber im weiteren Sinne eröffnet der Klang die Möglichkeiten, von der rein physischen auch zur seelischen Dimension zu gelangen. Das ist das Wunderbare an Musik allgemein, aber am Klangarrangement speziell, dass die Übergänge im Leib-Seelischen absolut fließend sein können.

Das bedeutet konkret, dass bei den Teilnehmern über eine veränderte Körperwahrnehmung, über spontan auftretende Gefühlsausbrüche und den Zustand der erhöhten Aufmerksamkeit ein neues, ein erweitertes Bewusstsein für leib-seelische Zusammenhänge entsteht; eine neue Sicht der Bedeutungszusammenhänge möglich wird, die letztlich den Weg für Veränderungen öffnet und neue Impulse für die Genesung beinhaltet.

Wird in dieser Therapie der Schmerz nur für den Augenblick vergessen, wo ich die ungewohnten Klänge erfahre, oder wird der Schmerz wirklich ein Stück weit geheilt?

Der Schmerz wird sicherlich nicht vergessen. Schmerz kann durch Musik gelindert werden. Wir werden darüber sicherlich noch ausführlicher sprechen. Hier geht es vor allem um das Erleben, um durch die Veränderung der körperlich-seelischen Wahrnehmung des Patienten für seine eigene Situation, für seine Problematik, für seine tiefer liegenden Blockaden den Zugang zum Schmerz zu eröffnen und Heilung zu ermöglichen. Etwas Unbewusstes, eine bisher unbewusste Störung kann entdeckt werden, und dies kann der Schlüssel zur Überwindung des Schmerzes sein.

Häufig wissen Schmerzpatienten ja gar nicht, wo genau der Schmerz sitzt, man kann ihn gar nicht an einer bestimmten Stelle lokalisieren. Könnte es sein, dass durch diese Klangtherapie zumindest erreicht werden kann, dass ich plötzlich weiß, an dieser Ecke sitzt der Schmerz?

Es kommt vor, dass Teilnehmer unter der Behandlung Schmerzen, die vielleicht vor Jahren bestanden, wieder erleben oder gegenwärtige Schmerzen sich vehement auf ein Körperareal lokalisieren. Das kann diagnostisch wie therapeutisch weiterhelfen, wenn hierdurch eine ursächliche Zuordnung möglich wird. Neben Schmerzen, deren Lokalisation und Ursache klar sind, beispielsweise nach einem Bandscheibenvorfall oder Unfall, gibt es häufig Schmerzen, deren Ursache noch gefunden werden muss, die nicht klar bestimmbar „umherwandern" oder die therapieresistent sind.

Die Klangtherapie erweitert und bereichert das Spektrum der Schmerztherapie zweifellos, indem sie neue Zugangswege zum

Schmerz eröffnet, dies sowohl in diagnostischer wie in therapeutischer Hinsicht. Sie ist allerdings noch eine recht junge Behandlungsform, das bedeutet, dass auch von Seiten der Therapeuten noch weitere Erfahrung gesammelt werden muss.

Der Atem – elementarer Lebensrhythmus

Eine wichtige Rolle bei der Meditation spielt ja der Atem.

Atem ist in der Tat ein zentrales Moment der Meditation. „Der Geist reitet auf dem Atem", heißt es in den buddhistischen Mahamudra-Lehren. Atem und Geist wird in allen mystischen Traditionen gleichgesetzt. Ähnlich wie Musik kann auch der Atem von verschiedenen Aspekten her betrachtet werden. Atem ist ein ganz elementarer Lebensprozess. Atem ist das wichtigste Organ unseres Stoffwechsels. Atem ist neben dem Herzschlag die basalste rhythmische Struktur unseres Lebens schlechthin. Atem und Leben stehen synonym, ohne Atem ist Tod. Auf physiologischer Ebene sehen wir eine Vielzahl von Funktionen, die die Frequenz des Atems beeinflussen können. Die Frequenzen von Herzschlag und Atem sind über eine wechselseitige Bedingtheit ebenso eng miteinander gekoppelt, wie auf der Ebene des Stoffwechsels der Atem zusammen mit der Niere den Säure-Basenhaushalt reguliert. Atem ist Vollzugsorgan unserer inneren Rhythmik, unserer körperlichen Ausdrucksweise. Aber auch in seelischer Hinsicht ist Atem unverzichtbar. Unser seelisches Befinden drückt sich unmittelbar in der Atemtätigkeit aus. Atem wird nicht umsonst als der essenzielle, ursprünglichste Lebenshauch selbst betrachtet: Gott hauchte Adam die Seele ein, wird in der Bibel berichtet. Das Sanskritwort „Prana" bedeutet Atem als Luftaustausch gleichermaßen wie Lebenshauch, feinstoffliche Energie, Seele. Im gleichen Sinne kann das Qi der chinesischen Tradition verstanden werden.

Aus welcher Perspektive auch immer wir uns dem Atem nähern – stets sehen wir die Doppeldeutigkeit beziehungsweise die stete Präsenz der zwei Ebenen, der leiblichen und der seelischen, die letztlich doch immer eine Einheit bilden. Das Erleben dieser unmittelbaren Einheit, um die es letztlich auch in allen therapeutischen Bemühungen geht, manifestiert sich für uns am Phänomen des Atems am deutlichsten. Der Atem wird ruhig, wenn wir entspannt und gesund sind. Der Atem wird hastig und unruhig, wenn wir in Angstzuständen befangen oder körperlich krank sind. Atem ist sowohl eine bewusste wie auch eine unwillkürlich gesteuerte Funktion.

Aus diesem Grunde spielt Atem bei jeglicher Form von Therapie eine zentrale Rolle. Über die Kontrolle des Atems ist es mir möglich, das Kreislaufverhalten positiv zu beeinflussen. Ganz pragmatisch können in der Inneren Medizin durch Atemübungen, durch strukturierte Regulierung des Atems physiologische Funktionen harmonisiert werden, kann der Blutdruck gesenkt werden, können Herzrhythmusstörungen positiv beeinflusst, kann die Verdauung reguliert werden. Atem ist die markanteste und bewussteste Form unserer immanenten rhythmischen Struktur.

Auch im Sport ist die Kontrolle und die rational sichere Ausnutzung der richtigen Atemfrequenz Voraussetzung für körperliche Leistungsfähigkeit.

Auf seelischem Gebiet sehen wir wieder die Traditionen der Meditation, der Mystiker, die dem Atem als Lebenshauch stets eine große Bedeutung beigemessen haben. Durch die Kontrolle des Atems, das heißt mit anderen Worten aber auch nichts anderes als: Durch die Kontrolle unserer immanenten rhythmischen Struktur können wir Souveränität über unsere körperlichen Funktionen bekommen. Als Gegenstand der meditativen Achtsamkeit kann uns der Atem die Harmonisierung des Leibes wie die seelische Öffnung ermöglichen.

Es gibt eine Vielzahl von Atemübungen, wobei der Begriff Atemübung eigentlich einen Widerspruch in sich darstellt. Ich brauche den Atem nicht zu üben, der Atem ist immer da, im Schlaf wie in der Bewusstlosigkeit. Was ich allerdings üben kann, das ist die Achtsamkeit bezüglich des Atems. Es gibt hier einen fließenden Übergang zwischen dem bewussten Tun und dem beobachtenden Zulassen. Wenn ich aufgeregt bin und meinen Atem willentlich in einen langsameren Rhythmus bringe, dann ist das eine aktive Handlung. Wenn ich aber ruhig bin und mich in Achtsamkeit setze oder lege und auf meinen Atem achte, dann werde ich plötzlich gewahr, dass der Atem seinen eigenen Rhythmus findet, dass der Atem von alleine fließt, ohne mein aktives Zutun. Ich brauche nur noch zu beobachten. Dieser Schritt vom aktiven Tun zum passiven Beobachten des eigenen Rhythmus, der Wechsel vom „Tun" zum „Tun durch Nicht-Tun", von der Handlung zum Geschehenlassen, vom Analysieren zum reinen Gewahrsein – das ist eigentlich der Quantensprung zur Meditation. Um diesen Punkt geht es in allen Meditationsschulen, geht es in allen, auch westlichen Atemübungen: das Zulassen und Erleben der Eigendynamik des Atems als Ausdruck eines grundlegenden Lebensprozesses.

Ist uns da etwas Ursprüngliches verloren gegangen?

Ich denke, viele Menschen atmen spontan richtig. Ein Sportler regelt seinen Atem intuitiv während seines Trainings. Ein Mensch, der entspannt ist, sich wohl fühlt, regelt seinen Atem intuitiv. Aber was uns sicher verloren gegangen ist oder nicht mehr so bewusst wird in der heutigen Zeit, ist diese Unmittelbarkeit, mit der über eine Beobachtung des Atems leib-seelische Zusammenhänge erfahren werden können, dass von der körperlichen in die seelische bis in die transzendente Dimension gelangt werden kann.

Gibt es Krankheiten, für die eine gestörte Atmung bezeichnend ist? Kann man mit Atem heilen?

Wenn der Atem gestört ist, kann er erhebliche gesundheitliche Probleme machen. In der Regel sind wir uns unseres Atems im Alltag nicht bewusst, wir schnaufen, wir holen Luft, wir sprechen, ohne uns der Bedeutung des Atems klar zu werden. Auf der anderen Seite sehen wir in der Inneren Medizin sehr viele Krankheiten, die mit Störungen der Atemfunktion einhergehen, sei es ursächlich oder reaktiv als Ausdruck anderer Störungen. Allen voran sind das die klassischen Erkrankungen der Atmungsorgane, das Asthma bronchiale, die chronische Bronchitis oder das Lungenemphysem. Aber auch Kreislauferkrankungen wie Bluthochdruck oder Herzrhythmusstörungen bis hin zu den so genannten vegetativen Störungen wie Schlafstörungen, Unruhezuständen, Reizdarm und anderen unspezifischen Oberbauchbeschwerden.

Vegetative Störung bedeutet, dass eine organische Ursache der Beschwerden nicht zu finden ist, dass die Ursache eher im funktionellen oder im emotionalen Bereich zu suchen ist. Die Beschwerden drücken sich als Störungen der autonomen, das heißt dem Willen nicht unterworfenen Regulationsmechanismen des Organismus aus.

Solche Erkrankungen gehen oft mit einer gestörten Atemtätigkeit einher: Die Menschen atmen zu hastig, zu oberflächlich und zu unruhig. Wenn man sich bewusst macht, dass die Rückkoppelung vom Körper zum Atem einerseits aber auch von der Atmung zurück in den Körper sehr direkt verläuft, wird deutlich, welche Möglichkeiten bestehen, körperliche Krankheiten auch über den Atem zu beeinflussen.

Ich möchte das nur an dem Beispiel der so genannten respiratorischen Arrhythmie erläutern: Der Herzrhythmus wird beim Einatmen schneller und beim Ausatmen langsamer. Das hat mit den hämodynamischen, das heißt mit den Druckverhältnissen in der Lunge und Blutgefäßen zu tun. Über eine sorgfältige langsame Ausatmung wird automatisch der Herzschlag ruhiger. Das bedeutet, dass es möglich ist, jegliche Form von Störungen, die mit einer Beschleunigung des Herzschlages einhergehen, durch bewusstes Atmen zu beruhigen.

Sei es nun eine organische Herzerkrankung oder ein Angstzustand, welcher reaktiv den Herzschlag beschleunigt – das fühlbare Symptom, das seinerseits selbst wieder Angst auslösen kann, der beschleunigte Herzschlag kann durch Atem ausgeglichen werden. Auch in der Behandlung des Bluthochdruckes kann durch entsprechendes Atemtraining eine spürbare Druckentlastung erzielt werden. Das ist eine relativ einfache, aber sehr effektive Methode.

Wir sollten darüber hinaus immer den Hauptmuskel des Atems im Auge haben, das Zwerchfell. Wenn wir beispielsweise die Hand beim Atemholen auf die Bauchdecke legen, spüren wir, dass der Bauch sich beim Einatmen sanft nach vorne wölbt und beim Ausatmen zurückzieht. Durch diese physiologische Atembewegung werden unsere inneren Organe beständig sanft massiert und hin und her geschaukelt. Es ist also keine Stille und Bewegungslosigkeit im Bauch, sondern vielmehr ein beständiges, wellenartiges Hin und Her, ähnlich einer sanften Dünung am Meeresstrand. In Phasen der Anspannung und der Unruhe sind, wie das Wort Anspannung bereits verdeutlicht, sowohl die Skelettmuskulatur wie auch die Muskulatur, die die Darmwand umkleidet, in verstärkter Spannung. Das sanfte Wiegen ist so nicht mehr möglich.

Die Folgen sind vielfältig. Der Komplex des Reizdarmes mit Wechsel zwischen Verstopfung und Durchfall oder Verdauungsstörungen wie auch Gastritis und Völlegefühl, Tendenz zu Übelkeit oder Aufstoßen kann damit in Beziehung gebracht werden. Eine sanfte Regulation des Atems, das heißt primär das willentliche Führen des Atems zur Langsamkeit, Tiefe und Bewusstheit kann die Spannung im Oberbauch unmittelbar reduzieren.

Es ist nicht von ungefähr, dass Meditations- und Yogaschulen aller Traditionen dem Atem diese fundamentale Bedeutung zumessen. Im Falle der hier erwähnten körperlichen Erkrankungen kommt es über die Einführung eines ruhigeren Rhythmus zu einer vegetativ gekoppelten Entspannung und folglich zur Beruhigung der Funktion.

Aus meiner täglichen Praxis weiß ich, dass sehr viele Menschen, die mit diesen Beschwerden zu mir kommen, Beschwerden, bei denen es primär nicht klar ist, ob es jetzt schwer wiegende, manifeste Erkrankungen oder nur Störungen im Sinne der vegetativen Beeinträchtigung sind, Probleme mit dem Atem haben. Ich nenne es Probleme; den Betroffenen sind sie meist nicht bewusst. Ich sehe den Patienten an, dass sie flach, schnell und oberflächlich atmen. In der Sprechstundensituation gehe ich hin und erläutere ihnen einen physiologischen Atemablauf im Sinne der Dreistufenatmung des Yoga. Das ist erstens die bewusste Betonung der Zwerchfellbewegung, welche dazu führt, dass sich der Bauch nach vorne wölbt; zweitens die bewusste Führung des Atems in den mittleren Brustkorb, der sich weitet; drittens die bewusste Führung des Atems in die Lungenspitzen. Dadurch wird die so genannte Atemhilfsmuskulatur, das sind Hals- und Schultermuskeln, aktiviert.

In der Praxis reicht zur Durchführung eines physiologischen Atmens letztlich die Betätigung der Zwerchfellatmung, die so genannte Bauchatmung. Die Zwerchfell- oder Bauchatmung ist die zentrale Steuerungsinstanz für den ruhigen Atem.

Ich habe beobachtet, dass viele Menschen mit den genannten Problemen sich ihres Atmens überhaupt nicht bewusst waren und beispielsweise die Zwerchfellatmung völlig außer Acht gelassen, dafür aber die Rippen- und die Halsmuskulatur angestrengt nach oben gezogen hatten. Dabei kann die Atmung sogar paradox verlaufen – beim Einatmen kommt es statt zu einer Vorwölbung des Bauchraumes zu einem Einziehen und zur Anspannung der Bauchmuskulatur. Physiologisch gesehen ist das natürlich eine kleine Katastrophe.

Die Akuthilfe in der Sprechstunde besteht darin, einen Moment innezuhalten und das Bewusstsein auf die Bewegung der Bauchdecke zu führen. Diese Maßnahme ist im Prinzip so simpel, dass ich immer wieder erstaunt bin, wie häufig das physiologisch sanfte, richtige Atmen bei einem Menschen in Vergessenheit geraten ist.

Für Menschen mit Bronchialerkrankungen ist eine besonderer Variante des Atems wichtig: Beim Ausatmen führen wir die „Lippenbremse“ aus, das heißt, wir bremsen den Ausatmungsstrom, indem wir die Lippen wie zu einem sanften „F“ formen, sodass der Ausatmungsstrom durch den Mund abgebremst wird. Damit wird reflektorisch der Druck von den Bronchien genommen und die Atemnot lässt nach.

Die Yogaschulen legen großen Wert auf die Praktik des richtigen Atems. Eine Hilfe zur Einübung eines ruhigen Atems besteht darin, die Atemzüge zu zählen oder in einem inneren Rhythmus in einem gleich bleibenden Verhältnis langsam ein- und auszuatmen, beispielsweise drei Schläge ein und vier Schläge aus.

Wir können noch weiter gehen und imaginativ den Atem durch den Körper fließen lassen. Das Bild eines warmen, ruhigen Stromes ist dabei hilfreich. Wir können ihn vom Bauch über die Brust bis in den Kopf und zurück fließen lassen, wir können ihn entlang der Wirbelsäule vom Steißbein zum Scheitel und zurück führen. Wir können ihn in großen Bahnen entlang der Körperoberfläche leiten.

Wir können ihn aber auch außerhalb des Körpers, in unserem Energiefeld, der Aura, die unseren Leib wie eine unsichtbare Hülle umgibt, bewegen. Letztlich geht es um die Verbindung von Bewusstsein, Atem und Energie, die ich als Strom des Lebens in langen Schleifen durch alle meine leib-seelischen Schichten fließen lasse.

Die Pausen zwischen dem Ein- und Ausatmen oder zwischen dem Aus- und Einatmen sind ganz eigene Momente. In diesen Augenblicken kann sich das Bewusstsein besonders entfalten. Wenn wir die Pause nach dem Einatmen betrachten, haben wir einen Zustand der Fülle, des Vollseins, des Geladenseins. Der Atem steht kurz still, es ist, als ob die Welt kurz angehalten wird. Dieser Zwischenraum ermöglicht den Sprung zu einer anderen Wahrnehmung. Die Pause nach der Ausatmung ist hingegen ein Moment der Leere, des Stillstandes; ein kurzer Blick fast an die Schwelle des Todes.

Von der Pause zwischen den Atemzügen ist es dann nur noch ein kleiner Schritt zur Betrachtung des geistigen Raumes der entsteht, wenn ein Gedanke beendet ist und ein neuer noch nicht begonnen hat.

Zusammenfassend lässt sich zur Beobachtung des Atems Folgendes sagen:

Am Anfang, auf der ersten Stufe, steht das bewusste Lenken des Atems, das heißt, wir achten darauf: Wir atmen bewusst ein, atmen bewusst aus, bei voller geistiger Anteilnahme. Eventuelle Schmerzpunkte, die wir im Körper spüren, sollten wir nicht festhalten oder bezwingen wollen. Es empfiehlt sich vielmehr die Visualisierung des Atems als eines sanften Flusses, der die Schmerzpunkte umfließt, umspült oder gar wegträgt. Der Schmerz ist gleichsam ein Stein auf dem Grund eines Baches, wobei der Bach sanft darüber hinwegfließt, ohne sich davon aufhalten zu lassen. Ebenso sollte der Atem sanft durch den Körper fließen, ohne sich von lokalisierten Beschwerden aufhalten zu lassen.

Die zweite Stufe überlässt den Atem seinem eigenen Rhythmus. Damit sind wir schon ein Stück weiter, wir haben nämlich zugelassen, dass der Atem sich selbst steuert. Wenn wir ganz still werden, realisieren wir, dass wir nicht mehr aktiv ein- und ausatmen müssen, sondern wir können innerlich ruhig werden und spüren bei der Zurücknahme der willentlichen Anstrengung, dass der Atem seinen eigenen Rhythmus findet ohne unsere Zutun. Unsere Aufmerksamkeit zieht sich dann ganz auf die Beobachtungsposition zurück: Wir geben die Kontrolle auf, wollen nichts mehr festhalten, stellen unser Handeln ein. Mit dem Vertrauen auf den inneren Rhythmus tritt Entspannung ein. Dies ist wirklich der absolut entscheidende Punkt, das Vertrauen in die innere Rhythmik.

Kommt an dieser Stelle die so genannte regulative Therapie ins Spiel?

Genau. An dieser Stelle möchte ich den Begriff der regulativen Therapie einführen. Regulative Therapie in dem Sinn, dass der Körper die Fähigkeit wiedererlangt oder in ihr unterstützt wird, die vielfältigen, ineinander greifenden Rückkoppelungs- und Regelkreise, die allesamt mit Schwingung und Rhythmik verbunden sind, zuzulassen und zu harmonisieren. Das ist das Wesentliche – das ist das Geheimnis des In-sich-Hineinspürens und Beobachtens – zu erleben, wie die rhythmischen Strukturen harmonisch ineinander greifen und autonom, das heißt ohne unsere willentliche Zunahme, ihren Dienst ausführen.

Wir müssen uns klar machen, dass der Atem von alleine geschieht. Die Medizin kennt ja auch den Begriff des autonomen Nervensystems, das heißt, die körperlichen Vorgänge arbeiten ohne unser Zutun, eben autonom. Wenn wir etwas dazu tun, dann wirkt das eher störend.

Der Atem existiert vor unserem Bewusstsein und ist wahrscheinlich auch nach dem Erlöschen des Bewusstseins, in der Stunde unseres Todes, noch gegenwärtig. Wir brauchen das Atmen eigentlich nicht zu üben, aber wir müssen lernen, still zu werden, bewusst zu werden und aufmerksam nach innen zu lauschen, wahrzunehmen, den Atem und die damit verbundenen feinstofflichen physiologischen Veränderungen zu spüren. Der Atem ist, wie Alan Watts es ausdrückte, ein Vorgang, bei dem Kontrolle und Spontaneität, das gewollte und das ungewollte Handeln, am deutlichsten miteinander gleichgesetzt werden.

Der Atem erfüllt den Körper, wir brauchen nicht zu üben, den Atem in diese oder jene Körperregion oder Richtung zu lenken, er ist schon dort. Wir üben uns darin, ihn in verschiedenen Ebenen und Regionen des Körpers wahrzunehmen. Es ist fast eine spielerische Aktivität, den Atem zu beobachten, wie er uns wie ein sanfter innerer Windhauch in allen Bereichen, in allen Winkeln und Ebenen unseres Körpers berührt.

Ich denke, das ist auch der Grund, warum über das Erspüren des Atems in den Meditationsschulen der Sprung zur Transzendenz, zum Erspüren des seelischen Erlebens, ermöglicht wird. Durch das Erspüren des Atems können wir zur Wahrnehmung von feinstofflichen Energiebahnen innerhalb und auch außerhalb unserer materiellen Grenzen gelangen.

In der letzten Stufe werden wir gewahr, dass wir aus dem Atmen und seinem ewigen Puls eine innere Kraft schöpfen können. Wenn wir dieses Atembewusstsein im Alltag bewahren, erweist es sich als ein Quell von innerer Stabilität und Stärke, die sich sowohl im Körperlichen wie im Seelischen im Sinne eines Halts im tiefen Innern des Selbst bewährt.

Das war jetzt ein weiter Exkurs zum Thema Atem. Fassen wir noch einmal zusammen: Klangtherapie und Atem, wie korrespondieren sie miteinander?

Die Klangtherapie macht es möglich, den Geist zur Ruhe kommen zu lassen. Das ist die Voraussetzung dafür, sich auf die feinen Veränderungen, auf die Körperwahrnehmung zu konzentrieren, zu fokussieren. Wir spüren, wie die Klänge in uns wirken und wir spüren gleichzeitig, wie der Atem fließt. Daraus ergibt sich eine neue Qualität, nämlich die Verbindung dieser Klänge mit dem eigenen Atemrhythmus.

Im Zustand der Angst und der Anspannung kann das durchaus als bedrohlich oder unangenehm empfunden werden. Im Zustand der Entspannung führt es uns jedoch in tiefere Ebenen unseres Bewusstseins und zu den dort schlummernden Geheimnissen.

Atem und Klang sind die besten Möglichkeiten, um in diesem geheimnisvollen Zwischenbereich, zwischen rein körperlich Physiologischem und rein seelisch Psychologischem zu kommen. Diese Schnittstelle, diese Verbindungsstelle zwischen Leiblichem und Seelischem oder die Übergangsstelle oder das Gewahrsein, dass Leibliches und Seelisches letztlich eine Einheit bilden, das ist das große Geheimnis in der Medizin. Viele moderne Forschungsansätze aus dem Bereich der Physiologie, aus dem Bereich der Neurophysiologie und auf dem Gebiet der Informatik versuchen, diese geheimnisvolle Schnittstelle auch in westlicher und nicht nur in asiatisch-meditativer Terminologie zu beschreiben. Aber ein Stück Geheimnis umgibt immer noch diese Schnittstelle.

Es ist ein Geheimnis in den Worten, nicht in der Erfahrung. In der Erfahrung, in der Versenkung ist diese Übergangsstelle nahtlos für jedermann ohne größere Schwierigkeiten zu erfahren.

Das Sich-Einlassen auf die Klänge ermöglicht auch einem in meditativen Praktiken unerfahrenen oder unvorbereiteten Menschen, schnell und mühelos an diese Schwelle heran oder sogar über diese Schwelle zu schreiten. Das ist das Geheimnis der Klänge.

Die beschriebene Atemtherapie unterstützt die Wirkung der Klänge, weil sie die Resonanzen und die Schwingungsfähigkeit des Organismus mit moduliert und unterstützt, den Körper in einen Zustand der vermehrten Aufnahmefähigkeit hineinführt.

Konkret sieht das so aus, dass ich zu Beginn oder auch während einer solchen Klangsitzung immer wieder verbal geführte Atem-Achtsamkeits-Übungen mit den Teilnehmern durchführe.

Im Grunde geht es also darum, den Körper und seine Funktionen bewusster wahrzunehmen: Es geht um Körperwahrnehmungsübungen, wenn man so will. Wie gelingt es, den Körper besser wahrzunehmen?

Sämtliche Körperwahrnehmungsübungen beginnen letztlich mit der Beobachtung des Atems. Ich habe die Atemübungen beschrieben, die drei Stufen der Yogaatmung: das Zwerchfell, die Rippen und die Lungenspitzen. Darüber hinausgehend aber auch die Möglichkeit, den Atem als fließenden, warmen Strom in verschiedene Körperteile strömen zu lassen. Es ist natürlich nicht so, dass, wenn wir sagen, ich lasse den Atem in die Beine fließen, dass Luft in die Beine fließt, aber was fließt, ist unsere Vorstellung, was ebenfalls fließt, ist die feinstoffliche Energie Diese feinstoffliche Energie wird in China „Qi" genannt und spielt in der östlichen Medizin eine wichtige Rolle; die westliche Medizin hat ihre Existenz noch nicht richtig anerkannt. Im System der Akupunktur beispielsweise zirkuliert Qi in einer bestimmten Periodik über 24 Stunden in den Meridianen durch den ganzen Körper. Dadurch werden alle Organe mit Lebensenergie versorgt und unsere körperlichen wie psychischen Funktionen gewährleistet. Der Atem ermöglicht es, diese Zirkulation zu beleben, und durch Beobachtung, das heißt durch das Bewusstwerden des Atmens mit gleichzeitiger Konzentration auf die genannten Bahnen, wird uns das Zirkulieren dieser Energie bewusst. Das Erfahren und die Stärkung dieser feinstofflichen Energieverläufe ist letztlich der Zweck des klassischen Yoga oder Qigong.

Die stillen Positionen oder die langsame Form dieser Übungen, bei denen bisweilen nur eine Bewegung innerhalb einer halben Stunde durchgeführt wird, sind Körper- und Atemwahrnehmungsübungen; Übungen, den Geist und das Leibliche miteinander im Einklang zu spüren.

Körperwahrnehmungsübungen wie das Autogene Training oder Schultzsche Training, wie es früher nach seinem Begründer genannt wurde, lenken die Achtsamkeit auf bestimmte Körperteile, die Arme, die Hände und so weiter, wobei die Assoziationen von Wärme, Ruhe und das Atembewusstsein eine zentrale Bedeutung haben. Andere Übungen beinhalten die Progressive Muskelrelaxation nach Jacobson, wo über eine bewusste An- und anschließende Entspannung der Muskulatur das Gefühl der inneren Wahrnehmung für den Körperteil geweckt wird.

Und das kann jeder zu Hause auch üben?

Das sind letztlich, wenn man sie so beschreibt, völlig unspektakuläre Übungen, die – hat man sie einmal erklärt bekommen – jeder für sich zu Hause ohne Probleme durchführen kann.

Was bedeutet das, um noch einmal auf den Ausgangspunkt zurückzukommen, für die psychosomatischen Krankheiten?

Zusammenfassend für diesen Abschnitt über Atem, Körper und Achtsamkeit lässt sich sagen, dass wir mit behutsamen Klängen die Erfahrung gewinnen können, dass der Atem unmittelbar bis in unsere tiefsten Schichten eindringen kann, dass die Bewusstwerdung des Atems als Bindeglied zwischen der leiblichen und seelischen Ebene fungiert, die Bewusstwerdung, dass wir Menschen letztlich ein Zusammenspiel diverser verschiedenster rhythmischer Elemente und Strukturen sind, die alle in der Funktion eines ruhigen Atems gipfeln.

Das heißt ganz konkret, dass der therapeutische Ansatz bei psychosomatischen Erkrankungen auf mehreren Ebenen geführt werden sollte. Neben der Exploration und der Suche nach möglichen Ursachen durch das gezielte Gespräch ist ganz besonders bedeutsam, dass die gestörte Physiologie, das heißt die Beeinträchtigung des Zusammenspiels von Atem und körperlichen Funktionen, auf dem Wege einer Atemachtsamkeit wieder reguliert wird. Ich gehe so weit zu behaupten, dass über die entsprechende Struktur der Atemachtsamkeit viele psychosomatische Erkrankungen wesentlich in ihrer Prägnanz reduziert werden können.

Ein kurzes Beispiel aus der Klinik: Ich erinnere mich an manche Nachtdienste mit Patienten mit Atemnot oder einem Asthmaanfall, bei denen mir die Nachtschwester immer, bevor ich danach gefragt hatte, bereits die entsprechenden Medikamente in Spritzenform zureichte, ich sie aber nicht benützt habe, sondern mich eine Viertelstunde ans Bett des Patienten gesetzt habe und mit den Patienten „nur" richtig geatmet habe und der Asthmaanfall war vorbei. Das lässt sich reproduzieren und das war für mich damals schon immer sehr dramatisch im positiven Sinne.

Oder aus der Praxis: Die Instruktion in Atemstruktur, Atemgymnastik, Atemachtsamkeit ist täglicher Anteil meiner Tätigkeit auch in der Sprechstundensituation.

Das heißt, der Arzt braucht Zeit für seine Patienten.

Der Arzt braucht sicherlich Zeit für die Patienten – keine Frage. Die Primärinstruktionen in das Atmen lassen sich in relativ kurzer Zeit erklären. Bis sich jedoch ein sicheres Gespür dafür beim Patienten entwickelt hat, bedarf es einer gewissen Übung und, wie bei allen Lernvorgängen, der steten Wiederholung.

Unmittelbarer seelischer Ausdruck – Singen als Therapie

Wir haben über den Atem gesprochen. Stimme, Gesang hat sehr viel mit Atem, Atemtechnik zu tun. Was bedeutet eigentlich der Gesang, die Stimme, der Umgang mit der Stimme für den Menschen?

Die Stimme kann als unmittelbarster seelisch-vokaler Ausdruck angesehen werden. Die Stimme ist sozusagen das erste Instrument überhaupt, besitzt eine zentrale Bedeutung sowohl für die Menschen in der Kommunikation als auch für den Selbstausdruck, für die Selbstverwirklichung. Stimme und Stimmung sind sozusagen eins. Schon der Ausdruck „Stimmung", der im Sprachgebrauch ja auf vielerlei Ebenen angewandt wird, zeigt, wie die Stimme die Stimmung formt oder umgekehrt, wie unsere seelische Verfassung, unsere Stimmung, sich in der Stimme ausdrückt. Das heißt, Singen ist eine psychophysische Resonanz, ein Prozess der selbstorganisierenden Verstärkung für die Selbstheilung. Zwischen der seelischen und der körperlichen Stimmung und dem Frequenzspektrum der Stimme und des Hörens besteht eine wechselseitige Abhängigkeit im Sinne eines kybernetischen Regelkreises. Depressive Menschen fallen als Erstes durch ihre wenig modulierte Stimme auf.

Dies besagt, der Abwechslungsreichtum des stimmlichen Ausdrucks sowohl in Bezug auf den Frequenzbereich, die Sprachmelodie und deren rhythmische Elemente ist bei der Depression im Vergleich zum Gesunden deutlich verringert. Umgekehrt hilft Singen aber auch, negative Stimmungen zu überwinden.

Singen wird wahrscheinlich in allen Kulturen als Ritual sowohl gemeinschaftsfördernd wie auch bewusstseinsmodulierend eingesetzt: die Chöre, in denen die eigene Stimme durch Resonanz mit den vielen anderen Sängern verstärkt wird, insbesondere in Räumen mit entsprechender Akustik wie Kirchen und Konzerthallen; das Singen im Verein, das Schunkeln am Karneval – all das sind Gelegenheiten, wo sich über Resonanzverstärkung das Aufgehen in einer Gemeinschaft und die eigene Selbstverwirklichung gegenseitig verstärken können.

Singen ist Resonanz, Singen ist der Einklang des Singenden mit sich selbst. Singen ist die Verbindung von Atem und Klang. Atem plus Klang ergibt Singen, das heißt, Singen ist sozusagen die Steigerung oder die Quintessenz von beidem. Im Singen kommt es zu einem gleichberechtigten Zusammenspiel von Denken, Fühlen und Handeln. Es fördert das Gleichgewicht zwischen körperlichem und seelischem Ausdruck mittels des Atems.

Wir können beim Singen die so genannten „psycho-respiratorischen Effekte“ beobachten. Das besagt, dass aufgrund des Verlaufes des Nervus vagus eine Koppelung von Stimmorgan und Emotion über reflektorische Verbindungen von Kehlkopf, Zwerchfell und Unterkiefer besteht. Das heißt auch hier, die Physiologie, der seelische Ausdruck und der Atem sind aufs Engste miteinander gekoppelt: Unsere Stimme ist Spiegel und Verklanglichung unserer vegetativen

Befindlichkeit. Umgekehrt lässt sich das Vegetativum über die Stimme beeinflussen. Eine besonders feine Modulation erfährt die Stimme beim leisen Singen ohne Druck. Hierbei kann unterschwellig sogar der Herzschlag des Singenden hörbar werden.

Wir werden ja eigentlich ständig berieselt mit Musik. Wir singen nicht mehr selbst. Würden Sie plädieren: Singt wieder mehr?

Die ständige Berieselung mit irgendwelcher Musik kann, zum Beispiel in Kaufhäusern, manipulativen Charakter annehmen. Wir sollen in eine kritiklos-gute Stimmung versetzt und entspannter werden, das heißt mehr kaufen. Oder die Berieselung fällt unter den Begriff der akustischen Umweltverschmutzung. Ständige Musik wird zu Lärm, Lärm wird zum Stressfaktor und damit zu einer möglichen Ursache von Krankheiten.

Das Selbst-Singen kann dem etwas Positives entgegensetzen und zwar unter sehr vielen verschiedenen Gesichtspunkten. Ich habe die psychophysische Integration im Prozess des Singens erwähnt, Singen als Weg aus der Depression. Singen kann zur Harmonisierung von rhythmischen Strukturen führen, und zwar sowohl von Strukturen innerhalb unseres Organismus wie auch von sozialen Strukturen. So gibt es eine lange Geschichte von Liedern, die zu bestimmten Anlässen im täglichen Leben der Menschen gesungen wurden. Sie dienten letztlich dem Zweck, die Koordination von komplexen Arbeitsabläufen in einer Gruppe von Menschen durch die Rhythmik der Lieder zu gewährleisten.

Es gibt die Seemannslieder – das waren keine Lieder, bei denen betrunkene Seeleute am Tisch gesessen haben, sondern es waren Lieder, die zum Segeleinholen gesungen wurden; es gibt die Erntelieder, es gibt die Lieder der Wolgaschiffer, die Waschfrauenlieder, die Wanderlieder bis hin zu den militärischen Marschliedern – das sind alles rhythmische Vorgaben, die den Prozess kollektiver Arbeitsabläufe strukturiert haben.

Wenn wir auf der einen Seite Singen als rhythmische Struktur der menschlichen Kommunikation sehen können, können wir auf der anderen Seite das Singen als Steigerung von Atem begreifen. Hier sind wir wieder bei den meditativen Schulen des Ostens wie des Westens. Der Weg geht vom bewussten Erleben des Atmens hin zur Bildung eines Tones zum äußeren Singen.

Während wir bei der Beschallung durch ein Instrument von außen die Resonanz spüren, die die Schwingung von außen herangebracht hat, fühlen wir beim Singen die Schwingung und die Resonanz, die wir selbst erzeugt haben. Beim Singen gehen klassische Schulen von der ganz betonten Gestaltung der Vokale aus. Die Achtsamkeitsübung zielt darauf zu spüren, wo die Resonanzen stattfinden. Man beobachtet, dass das Singen des „I" im Kopf, das Singen des „E" im Hals und der Brust, das „A" in der Brust, das „O" im Bauch und im Nabel und das „U" im Unterleib seine Resonanz findet. In ähnlichem Sinne arbeiten bestimmte indische Gesangsschulen. In ihnen muss der Schüler oft stundenlang den gleichen Ton singen. Wir finden auch hier wieder das Prinzip: das Wenige ganz intensiv.

Auch wenn später die Tonleitern hinzukommen, bleibt es wichtig für die Schüler zu erspüren, welche Prozesse die einzelnen Töne im Körper und seinen Teilbereichen auslösen, welche Ströme der Lebensenergie auftreten, welche intuitiven Fähigkeiten erschlossen werden, welche Gefühle erzeugt werden, was sie lindern, heilen oder verstärken.

Offenbar werden die archaischen Instrumente doch noch wertvoll ergänzt durch den Gesang, im Speziellen aber wahrscheinlich durch den Obertongesang.

Das ist richtig. Die Stimme als ursprünglichstes Instrument des Menschen überhaupt hat ihren festen Bestandteil auch in der Klangtherapie. Wir haben vom Obertonreichtum der Instrumente gesprochen, noch viel mehr kann man jedoch vom Obertonreichtum der menschlichen Stimme sprechen. Obertöne in der Stimme, auch hier wieder zwei Betrachtungsweisen:

Erstens, die rein formale: Über entsprechende Veränderungen der Zungen- und Mundstellung sowie der Kehlkopfspannung können verschiedene Obertöne, die ja, wie oben beschrieben, immanent in jedem Ton enthalten sind, so verstärkt werden, dass sie laut und deutlich hervortreten und hörbar sind. Es kommt dann zu einer de facto zweistimmigen oder gar dreistimmigen Singweise. Die Technik des Obertongesanges hat sich erfreulicherweise in den letzten dreißig Jahren in Europa stark verbreitet. Ursprünglich wurde diese Gesangskultur bei der Volksgruppe der Tuwa in Zentralasien praktiziert. Sie diente dort der Nachrichtenübermittlung der Hirten oder der Imitation von Tier- und Naturgeräuschen.

Zweitens, die inhaltliche Betrachtungsweise: Was zunächst wie eine musikalische Kuriosität erscheint, ist aber in der Tat auch eine hervorragende Übung zur Atem-Achtsamkeit. Indem ich über den Atem und über die Vokalbildung die Stimme erklingen lasse, kann ich eine weitere Steigerung der Aufmerksamkeit durch Bildung der Obertöne in der Gesangsstimme hervorrufen. Es ist ein erhabenes Gefühl, wenn es zum ersten Mal gelingt, zu einem gegebenen Grundton einen Oberton deutlich hörbar zu singen. Was für das Singen im Allgemeinen gilt, ist hier erst recht von Bedeutung: Die Vielfältigkeit der Resonanzmöglichkeiten in uns macht das Obertonsingen zu einem besonderen Erlebnis.

Im gleichen Sinne, wie die Obertöne in den Tonhöhen oberhalb des Grundtones erklingen, gibt es eine Technik, die die Töne unterhalb des Grundtones in Resonanz bringt, die so genannten Subtöne. Dies ist eine Gesangstechnik, die insbesondere bei den Mönchen Tibets verbreitet war, man nennt sie den Yang-Vokalstil. Bei dieser Gesangstechnik wird durch gezielte Entspannung der Hals- und Schlundmuskulatur die Luftröhre insgesamt in Schwingung gebracht, was einen tieferen Resonanzraum zur Folge hat. Das wiederum bedeutet, dass tiefe, ansonsten für den Menschen nicht singbare Töne möglich werden.

Die Vereinigung beider Techniken besteht im Khöömiy-Gesang mongolischer Schamanen, bei dem dreistimmiges Singen durch eine Person praktiziert wird: Obertöne und Subtöne pendeln um den Grundton und führen zu einer maximalen Steigerung des stimmlichen Ausdrucks. Das Erlernen dieses relativ schwierigen Gesangsstils ist ohne entsprechende meditative Versenkung nicht möglich.

Gibt es denn gewisse Techniken, um diese Obertöne zu lernen?

Ja, die gibt es. Zunächst sollte man den richtigen Grundton finden, von dem aus sich die Stimme mühelos entfalten kann. Man findet den richtigen Grundton, der der eigenen Physiologie am besten entspricht, indem man einen Ton langsam und leise kommen lässt, ohne dabei Druck auszuüben. Auch sollte man die Tonhöhe nicht willentlich fixieren, sondern den Atem mit einem Vokal die richtige Schwingung finden lassen. Irgendwann kristallisiert sich ein Ton heraus, der einfach passt, der so genannte „Eigenton". Die Singstimme sollte von ihm aus bequem noch eine Quinte nach oben und nach unten gelangen können.

Singen in der Gruppe ist leichter und schöner als alleine wegen des umfassenden Gesamtklanges und der vermehrten Resonanzmöglichkeiten. Erst recht gilt das für das erste Herantasten an das Obertonsingen. Es ist auch in der Gruppe prinzipiell möglich, dass jeder erst einmal zu seinem eigenen Grundton singt, irgendwann wird sich dann auch für die Gruppe ein gemeinsamer Grundklang, so etwas wie ein Eigenton herausbilden. Auch lassen sich die Obertöne in der Gruppe leichter üben, weil die Klangvielfalt der anwesenden Stimmen einen Resonanzraum für die Obertöne darstellt und diese dann schneller und deutlicher hörbar werden. Das ist auch der Grund dafür, dass am Anfang eine andere Person die Obertöne vor einem selbst hören kann. Darüber hinaus können Schallquellen von außen die Obertöne verstärken und somit für den Anfänger leichter hörbar machen. Im Himalaya wurden die Adepten zum Wasserfall geschickt; heute können wir bequem unter der Dusche oder im fahrenden Auto üben.

Für das Hörbarmachen der Obertöne im eigentlichen Sinne gibt es nun zwei Techniken. Die erste Methode ist die Vokaltechnik. Wir finden hier die Verbindung zu den Gesangsschulen Indiens. Über eine deutliche, fast übertriebene Aussprache der einzelnen Vokale erschließt sich uns der verschiedene Klang-, sprich Obertongehalt eines jeden Vokales. Wenn wir die Vokale langsam und deutlich singen, wenn wir im Zeitlupentempo von „A“ nach „E“ nach „I“ nach „O“ nach „U“ wechseln, hören wir auch ohne besondere Ausbildung im Wechsel der Vokale die Obertöne deutlich hervortreten. Mit etwas Übung gelingt es, einen einzelnen Oberton zu einer bestimmten Mund-, Lippen- und Zungenhaltung zuzuordnen und zu reproduzieren.

Die zweite Möglichkeit besteht darin, wie das gesprochene englische „R“, die Zunge vom hinteren Anteil des Gaumens etwa in 2 mm Abstand an der Gaumendecke entlang nach vorne zu führen bis zur Zahnreihe. Wenn Sie das für sich probieren, entsteht bereits ein gewisses Obertonspektrum. Technisch ausgedrückt ist das ein ähnlicher Effekt, wie wenn Sie an einem Equalizer den Höhenfilter hoch oder runter drehen.

Die Langsamkeit der erforderlichen Bewegungen des Mundes und die dafür erforderliche Aufmerksamkeit entspricht genau der Art und Weise, mit der Qigong- oder Taiji-Übungen des übrigen Körpers ausgeführt werden. Mit entsprechender Ausbildung ist de facto eine zweistimmige Singweise möglich. Dabei können zum einen die Obertöne melodiehafte Gestalt annehmen und zum anderen die Basistöne frei verändert werden. Dennoch bleibt das Nicht-erzwingen-Wollen das wesentliche Element des Obertonsingens, das Geschehenlassen der Klangentfaltung. Nur so ist das Bewusstsein frei für die uneingeschränkte Öffnung der Wahrnehmung.

Die Mongolen und Tibeter haben, wie Sie sagten, den Obertongesang in besonderer Weise kultiviert. Steht dieser Gesang in einer besonderen Verbindung zu den kultischen Mantras?

Der relativ junge Wissenschaftszweig der Sonologie befasst sich eingehend mit den Phänomenen des Leibes als „Schwingungskörper“ und den psychophysischen Effekten, die sich in Resonanz ereignen. Die indische Tradition hat sich damit seit alters her beschäftigt. In ihr gibt es Vorstellungen, nach denen der Mensch in seiner Gesamtlänge von Fuß bis Scheitel in drei Oktaven schwingt. Den Zwischentönen, den feinen Verzierungen im mikrotonalen Bereich, Gamaka genannt, kommt dabei die Aufgabe zu, Energie in den feinstofflichen Kanälen, den so genannten Nadis, zum Fließen zu bringen. Die Nadis entsprechen in ihrer Funktion den Meridianen des chinesischen Akupunktursystems, wenn auch die indische Beschreibung nicht in allen Bereichen deckungsgleich ist. Die feinstofflichen Energiekanäle schließlich münden in besonderen Zentren, den Chakren. Ein Chakra ist ein Energieknotenpunkt, in dem körperliche Funktionen und psychische Eigenschaften eng miteinander gekoppelt sind und dessen Aktivierung beziehungsweise Erweckung die Entwicklung bestimmter spiritueller Qualitäten und Fähigkeiten auslösen kann. Neben zahlreichen untergeordneten Zentren werden sieben Hauptchakren beschrieben. Jedem wird ein spezieller Klang zugeordnet, der bei entsprechender Ausübung der Erweckung des Chakras dienen soll. Die sukzessive Aktivierung der Chakren wird als gleichbedeutend angesehen mit dem Zustand der vollkommenen Selbstverwirklichung, der Erleuchtung. Man unterscheidet von oben nach unten folgende Chakren mit ihren jeweiligen assoziierten Klängen:

Scheitel (Sahasrara) – klanglos
Zwischen den Augen (Anja) – Aum
Kehlkopf (Visuddha) – Ham
Herz/Brust (Anahata) – Yam
Solarplexus/Magen (Manipura) – Ram
Unterbauch (Svadhistana) – Vam
Steißbein (Muladhara) – Lam

Kann man denn diese Klänge, die Sie gerade vor dem indischen Traditionshorizont beschrieben haben, auch in der Terminologie des Westens nachweisen?

Nicht nur die Inder haben die Wirkung von Klängen auf den Organismus beschrieben. Die chinesische Kosmologie und Medizin beschreibt den periodischen Ablauf von ineinander verwobenen Lebensvorgängen sowohl in unserem Körper wie in der Natur entsprechend den so genannten Fünf Elementen. Diesen nun werden Klänge, die fünf Saiten der Qin oder die fünftönige Tonleiter, die Pentatonik, zugeordnet. Leider sind diese Überlieferungen aber nicht hinreichend präzise und haben sich zudem im Laufe der Zeit verändert.

Die Sonologie arbeitet mit der subjektiven Erfahrung. Neuere Forschungen in der Akupunktur versuchen messtechnisch zu arbeiten und ordnen den zwölf Hauptmeridianen die C-Dur-Tonleiter zu, wobei jeder Meridian einem anderen Halbtonschritt zugeordnet ist.

Ich selbst habe Untersuchungen mit der so genannten Infraschallschwingungsliege durchgeführt. Das ist ein Gerät, welches die gesamte Liegefläche als Membran eines Lautsprechers benützt und Töne von 1 bis 30 Hz erzeugen kann. Der Proband liegt also mitten im Klang, ähnlich einem Liegemonochord. Der Unterschied besteht darin, dass die Klänge künstlich sind, dafür aber zu Versuchszwecken genau eingestellt werden können. Ich habe herausgefunden, dass die Chakren eine überdurchschnittlich häufige Resonanz zeigen bei:

Steißbein – C; Unterleib – F; Solarplexus – G; Herz – Gis/A; Kehlkopf – B; Augen –H; Scheitel – C.

Diese Untersuchungen wurden bisher noch nicht veröffentlicht und werden derzeit noch vervollständigt.

Nun zu den Mantras im Speziellen: Jeder Laut, jeder Klang, der zu einer Veränderung des psychophysischen Zustandes eines Menschen führt, kann als Mantra bezeichnet werden. Im Wissen um solche Veränderungen, um die immanente spirituelle Dimension der Laute und Klänge haben schon die alten Veden in Liedern, Sprüchen und Tönen experimentiert und haben die in diesem Kulturkreis noch heute gebräuchlichen Formen entwickelt. In der täglichen Praxis eines religiösen Menschen kann ein Mantra, das manchmal mehrere Zeilen lang ist, mit einem Gebet gleichgesetzt werden; Schüler bekommen von ihren spirituellen Meistern gelegentlich ein individuelles Mantra übertragen. Voraussetzung der besonderen Wirkung ist die lange und unermüdliche Wiederholung, auch Japa Yoga genannt, die Gebetsmühle. Dabei ist es durchaus nicht so, dass Mantras ausschließlich im Osten anzutreffen sind: Der Rosenkranz als Pendant zum Japa Yoga, das Kyrie oder das Amen der christlichen Kirchen sind ebenfalls Mantras.

Im Kontext unserer Überlegungen bezüglich der Klangwirkung per se erscheinen jedoch die kurzen, silbenförmigen Mantras wie die den Chakras zugeordneten Laute von besonderem Interesse.

Das wichtigste Mantra ist OM, in seinen Lauten aufgeschlüsselt AUM geschrieben. Von ihm ist unser A-men oder das Amin der Muslime abgeleitet. Wenn wir AUM ganz langsam aussprechen, spüren wir, dass diese Silbe faktisch den ganzen Resonanzraum, mit dem wir sprechen, innehat. Wenn wir die oben beschriebenen Stimmübungen für den Obertongesang ausführen, sind wir, ohne es zu beabsichtigen, bei der klanglichen Gestalt von AUM angekommen. Schon so erklärt sich die Nähe des Obertongesangs zum Mantra.

Um die Bedeutungsdimensionen, die einem Mantra, speziell OM zugesprochen werden, abschätzen zu können, darf ich Lama Anagarika Govinda zitieren, der dank seiner westlichen Abstammung und östlicher Ausbildung als Dolmetscher der Kulturen dazu wie kein anderer berufen ist: „Da OM Ausdruck höchster Bewusstheit ist, werden diese drei Elemente folgerichtigerweise als drei Stufen des Bewusstseins erklärt: A als Wachbewusstsein, U als Traumbewusstsein und M als Tiefschlafbewusstsein, während OM als Ganzes das allumfassende, über alle Worte hinausgehende kosmische oder vierte Bewusstsein – das Bewusstsein der vierten Dimension – ist [...] Die Ausdrücke sind zu verstehen als 1. unser gewöhnliches Bewusstsein; 2. das Bewusstsein unserer Innenwelt, unseres Denkens und Fühlens, Wünschens und Wollens [...]; und 3. das in sich ruhende, nicht mehr in Subjekt und Objekt gespaltene Bewusstsein undifferenzierter Einheit [...], der als Zustand der Leere bezeichnet wird. Der vierte und höchste Zustand hingegen […] ist der Zustand des reinen Selbst, das Aufgehen in einem höheren Sein.[1]

Mantras können als Gebet rezitiert oder gesungen werden, die eigentliche Wirkung aber entfalten sie erst beim Sprechen nach innen, in der Stille. Hier sind wir wieder beim „klanglosen Klang" der Meditation angelangt. Und hier schließt sich der Kreis. Wir können auch hier anhand der indischen Denkweise nachvollziehen, mit welcher Unmittelbarkeit durch Klang von der körperlichen zur feinstofflichen und zur spirituellen Dimension übergegangen werden kann.

Leben bedeutet Schwingung – das Wechselspiel von inneren und äußeren Rhythmen

Wir haben noch gar nicht über den Klang als Schwingung unseres Organismus gesprochen. Es gibt sicherlich unterschiedliche Wirkmechanismen des Klangs.

Es ist das Wunder der Musik, dass immer mehrere Erlebnisebenen gleichzeitig angesprochen werden, die Musik somit ein Beispiel für „ganzheitliches" Wirken und Wahrnehmen par excellence darstellt.

Bei genauerem Hinsehen können wir sechs verschiedene Ebenen finden, die sich um der Beschreibung willen trennen lassen, in Wirklichkeit aber immer zusammen oder in Überschneidungen auftreten. Es sind folgende:

1. Die Ebene der naturwissenschaftlichen Betrachtung, die Physik, Mathematik oder Akustik.
2. Die Ebene der rein körperlich auftretenden Wirkungen, die Physiologie.
3. Der Bereich der emotionalen Wirkungen.

[1] Lama Anagarika Govinda, „Grundlagen Tibetischer Mystik".

4. Die individuellen, tiefenpsychologisch erklärbaren Wirkungen.
5. Die kollektive Ebene, das heißt der Bereich der gesellschaftlich-kulturellen Entwicklung.
6. Die Sphäre der geistig-spirituellen Dimension.

Der Musikstern

Die sechs Wirkebenen von Klang auf den Menschen.
Die Obertonreihe verbindet die wissenschaftliche mit der spirituellen Dimension.

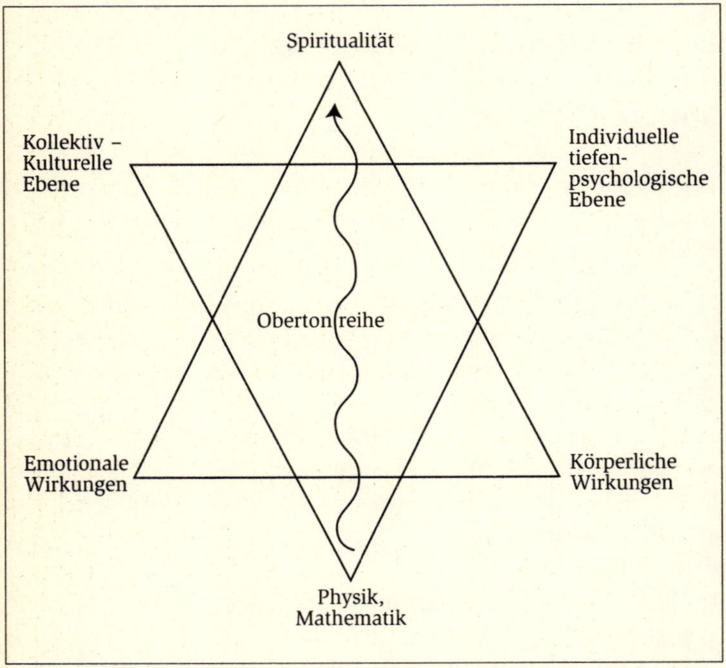

Harmonie: die Tochter von Ares, dem Gott des Krieges und Aphrodite, der Göttin der Künste und der Liebe. Das weibliche Element wird ausgedrückt durch das Dreieck mit der Spitze nach unten, das männliche Element durch ein Dreieck mit der Spitze nach oben.

Seit Pythagoras wissen wir, wie eng Musik und Mathematik miteinander verknüpft sind. Als Naturwissenschaftler im heutigen Sinne erforschte er Musik und entdeckte dabei die Naturtonreihe der Intervalle und die ihnen zugrunde liegenden mathematischen Proportionen. Diese gemeinsame Dimension wird auch durch die Ursilbe „ar“ verdeutlicht, die sowohl im griechischen Wort für Zahl, „Arithmos“ und in „Harmonie“, was soviel wie Ordnung bedeutet, steckt. Die Schwierigkeiten beim Bau von Konzertsälen illustrieren heute den hoch komplexen Zusammenhang von Musik und Physik.

Bevor wir genauer über die physiologischen Wirkungen von Klang sprechen, müssen wir in der Betrachtung etwas weiter ausholen:

Im vorigen Abschnitt habe ich am Beispiel der Sonologie und der tradierten indischen Überlieferung unter anderem die körperlichen Wirkungen von Klang angesprochen. Jetzt wollen wir uns dem Thema mit der Herangehensweise abendländischer Denkweise nähern:

Wir sollten uns einmal vorstellen, dass wir Menschen genau genommen selbst die Summe einer Vielzahl von Schwingungsphänomenen sind. Diese Formulierung ist nicht als Vereinfachung, sondern als spezifische Sicht der Dinge gemeint. Es gibt keine Funktion in unserem Organismus, die nicht durch die Kriterien Periodik, Zyklus, Schwingung oder Rhythmus definiert werden kann. Der Frequenzbereich dieser Schwingungen reicht dabei von Jahrhunderten oder Jahrtausenden bis zu Millisekunden. Ich möchte das ein bisschen näher ausführen.

Zyklen von hunderttausend Jahren oder mehr gehören zu unserer Evolution; in Jahrtausenden verändert sich die Kultur, im Bereich von Jahrhunderten sind Generationswechsel und Dynastien zu finden.

Eine Schwingung im Bereich von Jahren bis Jahrzehnten stellt unsere individuelle Lebensspanne dar, unsere Reproduktion erfüllt sich in Schwingungen von neun Monaten der Schwangerschaft.

Schwingung im Bereich von Wochen sind hormonelle Zyklen, ist zum Beispiel die Menstruation. Schwingung im Bereich von Tagen ist die Regeneration und der ständige Austausch von Körperzellen.

Schwingung im Bereich von Stunden treffen wir im Schlaf-Wachrhythmus, dem Wechsel der Körpertemperatur, dem Stoffwechsel mit seinen vielfältigen Funktionen.

Im Minuten- bis Sekundenbereich bewegen sich das Kreislaufsystem und die Atmung. Im Sekundenbereich finden wir den Herzschlag; in Sekundenbruchteilen schwingen die im EEG nachzuweisenden großen Gehirnströme.

Schwingungen im Bereich von Millisekunden finden wir bei der Aktivität und der Informationsübertragung einzelner Nervenzellen.

Molekulare oder atomare Schwingungen schließlich spielen sich in Mikrosekunden ab.

Alle diese Schwingungen interagieren in stetem Wechselspiel. Rhythmus und Schwingung sind wesentlich zur Aufrechterhaltung von Bestand, Organisation und Regeneration des Organismus. Diese Schwingungen können auch von außen beeinflusst werden. Im Wechselspiel zwischen inneren und äußeren Rhythmen können ebenfalls drei Kategorien gefunden werden.

Es sind zum einen Exorhythmen, das heißt rhythmische Lebensvorgänge, die allein durch die Schwankungen geophysikalischer Faktoren hervorgerufen werden. Sie treten vorwiegend im langwelligen Bereich auf und entsprechen der niedrigsten Entwicklungsstufe des biologischen Zeitorganismus. Wir finden zweitens Exoendorhythmen. Diese Rhythmen werden im Organismus selbst erzeugt, werden aber mittels äußerer Zeitgeber synchronisiert. Und dann finden wir drittens die Endorhythmen, das sind endogene, von außen unabhängige Spontanrhythmen. Sie stellen ein hohes Maß an Autonomie des Organismus und zeitlicher Emanzipation dar.

Angesichts dieser Fülle von äußeren und inneren Schwingungen ist es offensichtlich, dass hierbei Wechselwirkungen auftreten. Das heißt, wenn wir Musik spielen oder hören, kommt es zu Veränderungen im Sinne wechselseitiger Resonanz. Die musikphysiologische Forschung spricht hier von „äquivalenten Resonanzadressen“ für biologische Strukturen, umschrieben mit dem Terminus „Rhythmizität“. Dieser Begriff wurde von Prof. H. P. Koepchen geprägt. Er besagt, dass in einem dynamischen System Strukturen unterschiedlicher Rhythmen auftreten, wobei interaktive Phänomene wie Synchronisation, Koppelung, Verstärkung oder Extension auftreten. Es kann zu harmonischen Abstimmungen der Rhythmen, das heißt der Koordination von Frequenzen und Phasen, sowie gegenseitiger Modulation abhängiger Systeme kommen.

Wir sind in diesem Zusammenhang beispielsweise schon auf die Modulation des Herzschlags durch den Atem, die so genannte respiratorische Arrhythmie, zu sprechen gekommen. Gesundheit kann in dieser Sicht als dynamische Resonanz und Schwingungsfähigkeit des Organismus in und mit allen seinen Anteilen gesehen werden. Krankheit ist der Verlust dieser rhythmischen Schwingungsfähigkeit. Ein Beispiel liefert das fortgeschrittene Stadium des Diabetes mellitus, der Zuckererkrankung. Hier ist die Funktion der Nervenleitfähigkeit so beeinträchtigt, dass die Nerven, die für die sensible Versorgung der Haut zuständig sind, erkranken und demzufolge Gefühlsstörungen auftreten. Zusätzlich sind auch die Nerven beeinträchtigt, die für die Feinabstimmung der Organfunktion und die Kommunikation der Organe untereinander zuständig sind. Als Ausdruck der gestörten Regulation unterbleibt dann zum Beispiel die Anhebung der Herzfrequenz bei körperlicher Anstrengung.

Oder Schlafstörungen zeichnen sich durch Veränderungen der rhythmischen Struktur in der Abfolge von Tiefschlaf und Traumphasen, den so genanten REM-Phasen, aus. Auch hier tritt eine Veränderung oder ein Verlust endogener rhythmischer Strukturen ein. Das bedeutet, dass man die Krankheiten allein aufgrund einer rhythmischen Strukturveränderung diagnostizieren kann.

Es ist nun eine bemerkenswerte Tatsache, dass Frequenzen, die gewöhnlich auf dem Metronom zum Spielen von Musik ausgesucht werden, etwa dem Frequenzumfang entsprechen, der auch der Spanne des Herzschlags zwischen Ruhe und Anstrengung entspricht. Das heißt, die gebräuchliche Musik hat eine Taktfrequenz zwischen sechzig und einhundertsechzig Schlägen pro Minute. Etwas verallgemeinert sei die Behauptung des Schmerzforschers Prof. Ralph Spintge zitiert, dass die Menschen ihre internen Rhythmen und Schwingungen in eine Kunst projizieren, die wir Musik nennen.

Klänge wirken messbar – wie Musik bei Schmerzen hilft

Was hat das, was Sie aus medizinischer Sicht eher theoretisch gesagt haben, nun für Konsequenzen für die Praxis, zum Beispiel für die Schmerztherapie? Welche chronischen Schmerzen reagieren am besten auf die Klangtherapie?

Die Schmerzpatienten, die zu uns kommen, sind in der Regel Menschen mit Schmerzen im Bewegungsapparat, Patienten mit Bandscheibenvorfällen, Patienten mit schweren Muskelverspannungen und Patienten nach Unfällen, nach Traumata.

Rhythmische Strukturen von außen, das heißt auch Musik, treffen in unserem Organismus nicht auf statische, passive Organe, sondern auf dynamische, rhythmische interne Strukturen und treten mit diesen in Wechselwirkung.

Um die spezielle Anwendung von Musik in der Schmerztherapie zu verstehen, müssen wir uns zunächst einige ihrer physiologisch messbaren Wirkungen vor Augen führen. Es ist durch modernere neurophysiologische Untersuchungen möglich geworden, den Weg der Musik auf den verschiedenen Ebenen der neurophysiologischen Schmerzverarbeitung zu verfolgen. Es ergaben sich erstaunliche Beobachtungen:

- Auf der spinalen Ebene, das ist die unterste Ebene der Schmerzempfindung, finden wir eine Verstärkung der Filterfunktion für einkommende Schmerzreize. Es ist die so genannte „Gate Control".
- Auf einer zweiten Ebene kann Musik auf die Verschaltung von neurovegetativen Nervengeflechten Einfluss nehmen und Re-

aktionen wie Schwitzen, Zittern, Hustenanspannung oder Übelkeit beeinflussen.

- Weiter cranial, das heißt nach oben zum zentralen Nervensystem hin gerichtet, im Bereich des Hirnstamms und des Mittelgehirns, werden Strukturen funktionell-rhythmisch beeinflusst. Dabei wird die Variabilität der rhythmischen Steuerungsfunktion in Richtung gesunder Flexibilität verstärkt. Diese Beeinflussung verläuft unabhängig von der Großhirnrinde, das heißt unabhängig von unserem Bewusstsein.
- Im limbischen System schließlich beeinflusst Musik das emotionale Erleben und das Verhalten, indem die Freisetzung von Neurotransmittern moduliert wird, die für die Informationsübertragung im Gehirn verantwortlich sind. Musik wirkt hier wie andere essenziell wichtige biologische Reize, beispielsweise Nahrung: Sie stimuliert das körpereigene Belohnungssystem durch die Ausschüttung von Endorphinen, den körpereigenen opiumähnlichen Substanzen, und von Dopamin – Sex, Kokain oder Nikotin wirken übrigens ganz ähnlich.
- Die Neurotransmitter ihrerseits stimulieren absteigende, so genannte hemmende Bahnen des Rückenmarks, die wiederum den Einfluss von Schmerzreizen auf der basalen-spinalen Ebene vermindern.
- In der Formatio reticularis, einer großen zentralen Schaltstation, wo einkommende Nervenimpulse gefiltert und für die Verarbeitung in zentral gelegeneren Gehirnarealen vorbereitet werden, und im Thalamus, welcher wieder für die Verarbeitung von Gefühlen mit äußeren Schmerzreizen verantwortlich ist, kommt es zu einer Herabsetzung der Empfindlichkeit anderer Hirnareale für Schmerzreize und zur Dämpfung der Freisetzung von Stresshormonen, zum Beispiel Adrenalin oder Cortison.
- Auf der letzten Ebene, der mentalen Ebene, die über den Thalamus und den Gyrus cinguli moduliert wird, kann Musik letztlich zu einer angst- und stressfreieren Atmosphäre beitragen und Wohlbefinden wie auch Leistungsfähigkeit steigern.
- Alle erwähnten positiven Veränderungen wirken zurück auf die erste Ebene der Wahrnehmung, auf die Propriorezeptoren der

Muskulatur, das sind die Sinnesorgane, die die Stellung der Muskulatur im Raum überhaupt wahrnehmen.

Somit wird ein komplexer Rückkoppelungskreis geschlossen, der an sämtlichen seiner Verschaltungsstationen durch Musik moduliert und positiv beeinflusst werden kann.

Neben der unmittelbaren Schmerzlinderung gibt es aber noch eine ganze Reihe anderer physiologisch nachweisbarer Wirkungen von Musik.

Es sind auf Seiten des Herzens und Kreislaufs eine Senkung von Herzfrequenz und Blutdruck, die Linderung von Herzrhythmusstörungen. Auf der Seite der Atmung die Harmonisierung von Herzschlag und Atemrhythmus und dadurch die Verringerung des Sauerstoffverbrauchs. Auf der Seite des Stoffwechsels und der inneren Sekretion finden wir eine Senkung des Grundumsatzes und noch einmal die Verminderung der Ausschüttung von Stresshormonen wie Adrenalin. Im zentralen Nervensystem kommt es zu einer Zunahme von Delta- und Thetawellen im EEG, das sind Anzeichen einer tiefen Entspannung . Durch Klang kann weiterhin die Verminderung von motorischer Unruhe und des Muskeltonus ebenso wie die Verminderung der Schweißsekretion hervorgerufen werden.

Diese Aussagen treffen auf die Anwendung von ruhiger, entspannender, harmonischer und nicht zu lauter Musik zu. Ist die Musik laut, disharmonisch, schnell oder hektisch, können die physiologischen Wirkungen sämtlich in ihr Gegenteil verkehrt werden.

Musik jeglicher Art kann schließlich eine Reihe von körperlichen Symptomen auslösen, die in der Reihenfolgen abnehmender Häufigkeit genannt sein sollen: Gänsehaut, Lachen, Kloßgefühl in der Kehle, Tränen, Herzklopfen, Gähnen, Magenempfindungen, sexuelle Erregung, Zittern, Erröten, Schwitzen.

Haben diese Erkenntnisse konkrete klinische Auswirkungen?

Die konkreten Auswirkungen dieser Erkenntnisse sind in der Tat beeindruckend. Im Krankenhaus Lüdenscheid, wo unter Leitung von Prof. Ralph Spintge diesbezügliche Forschungen durchgeführt wurden, konnte gezeigt werden, dass durch Einsatz von Musik beispielsweise in der Vorbereitung zu Operationen eine drastische Reduktion der beruhigenden Medikamente oder auf Intensivstationen eine kürzere Verweildauer erreicht werden konnte. Die Anwendung von Musik auf Neugeborenenstationen werden wir noch besprechen.

Zusammenfassend kann man sagen, dass Musik und Physiologie ähnliche bis gleichartige Schwingungsstrukturen aufweisen und dass diese wiederum den tiefen Einfluss von Musik auf unseren Organismus erklären.

Durch bestimmte Klänge kann ein Harmonisierungsbestreben des Organismus unterstützt werden; Rhythmizität ist das Verbindungselement zwischen Musik, Physik, Physiologie und Medizin (Ralph Spintge). Versuche dieser Art werden gemacht, indem man Musik speziell komponiert, die diesen physiologischen Gesichtspunkten gerecht wird, man nennt das „medikofunktionale Musik". Das bedeutet soviel wie Musik, die wie ein Medikament einen fest umschriebenen Indikationsbereich und eine berechenbare, reproduzierbare Wirkung besitzt. Auf die Schmerztherapie im Speziellen angewandt wurde der Ausdruck „AAM " geprägt – anxioalgolytische Musik.

Was weiß man denn noch über die Verarbeitung von Musik direkt im Gehirn?

Das ist eine sehr umfangreiche Frage und sprengt fast den Rahmen dieses Gespräches. Ich möchte aber doch einige wenige Anmerkungen machen:

Versuche, den Weg der Musik im Gehirn zu verfolgen, ergaben, dass es kein eigentliches Musikzentrum gibt, so wie es beispielsweise ein Sprachzentrum gibt, sondern dass Musik sehr viele verschiedene Anteile des Gehirns einbindet. Auch haben Faktoren wie musikalischer Trainingszustand, Genetik oder Kultur einen Einfluss.

Man geht davon aus, dass beim Rechtshänder die linke Hirnhälfte oder Hemisphäre für analytisches Denken und serielle Arbeitsabläufe verantwortlich ist, während die rechte auf ganzheitliche, räumlich verbindende Prozesse spezialisiert ist. Neue Forschungsmethoden wie Messungen der regionalen Hirndurchblutung oder die Positionen-Emissions-Tomographie (PET) brachten der Hirnforschung in den letzten Jahren einen großen Zuwachs an Erkenntnissen. So weiß man heute, dass Sprache die Aktivität der linken Hirnhälfte aktiviert, das Hören von Musik die rechte. Dabei ist es nicht unwesentlich, ob die Musik dem Hörer bekannt ist: Unbekannte Melodien werden wiederum vermehrt in der linken Hirnhälfte verarbeitet. Bei rechtshändigen Personen zeigt sich beim Hören von Rhythmus eine Dominanz der linken Hemisphäre, bei der Analyse von Akkorden die Dominanz der rechten.

Der musikalische Trainingszustand hat folgenden Einfluss auf die Verarbeitung musikalischer Sinnesreize im Gehirn: Musiker zeigen beim Erkennen von Melodien die Dominanz der linken Hemisphäre, Nicht-Musiker hingegen aktivieren hierzu die rechte Hemisphäre. Daraus kann man schließen, dass Laien Musik ganzheitlicher und unbefangener erleben als Profis, die beim Hören ihren analytischen Intellekt einbeziehen.

Jedoch zeigen musikalisch Begabte eine deutliche geringere Differenzierung der Hemisphären als weniger Begabte, was auf eine höhere Flexibilität bezüglich der Aufgabenverteilung im Gehirn hinweist; die geringer Begabten halten wohl an einer relativ fixen, unbeweglichen „Hemisphärenstrategie" (Hinrich v. Deest) fest.

Übrigens kann bei Japanern die Besonderheit beobachtet werden, dass sie traditionelle Musik, Tiergeräusche und menschliche Stimmen linkshemisphärisch verarbeiten, rechts dagegen nur mechanische Geräusche und westliche Musik!

Die Naturwissenschaft kann trotz ihres enormen Wissenszuwachses der letzten Jahre nur einzelne Aspekte der Wahrnehmungstätigkeit unseres zentralen Nervensystems beschreiben. Die Frage, was Musik letztlich ist oder was deren gesamten Einwirkungsprozess auf Körper und Geist ausmacht, kann sie nicht sicher beantworten.

Man stellt als Laie ja fest, dass Musik auch die emotionale Ebene ganz stark berührt. Es gibt Melodien, es gibt Klänge, es gibt Musik, die einen Menschen sehr tief berühren, die sozusagen unter die Haut gehen, und dann gibt es aber auch Musik, die einen aggressiv macht, und Musik, die gleichgültig macht.

Wir haben gesehen, dass unser Organismus aus einer Fülle von internen Schwingungen und Rhythmusstrukturen besteht. Wir haben gesehen, dass Musik mit diesen in eine Wechselwirkung tritt. Wir haben auch gesehen, dass Musik, wie wir sie ausführen, den vitalen Frequenzen von Herz und Atem am ehesten entspricht. Wir haben darüber hinaus gesehen, dass Musik eine Kunst ist, in welcher der Mensch seine ureigenen rhythmischen Strukturen spiegelt.

Hier sind wir nun nahe an der psychologischen Wirkung der Musik. Schwingung, Bewegung, Rührung, Be-rührung, Motio, E-motio das sind alles Ausdrücke, die in der Sprache schon nahe legen, wie eng rhythmische Strukturen und emotionales Erleben miteinander verwoben sind. Am Beispiel der Schmerzverarbeitung haben wir gesehen, wie Musik im Thalamus an Strukturen wirksam wird, wo die Filterung von Informationen sowohl aus der Sicht der Wissensverarbeitung wie auch der Sicht der Emotionalität vorgenommen wird und die Wahrnehmung mit Gefühlsaspekten, mit Erinnerungsinhalten vermischt und in Einklang gebracht wird.

Nichtsdestoweniger gibt es natürlich Forschungen, die zu ergründen versuchen, ob es nicht Strukturen in der Musik selbst gibt, die ganz unabhängig von unserem Erlebnishintergrund sozusagen reproduzierbar bestimmte Emotionen hervorrufen. Hierzu konnte Sloboda in psychophysischen Versuchen herausfinden, dass beispielsweise folgende Eigenschaften von Musik Tränen hervorrufen können:

Wenn die Melodie zu einem Höhepunkt führt; wenn Melodie und die Harmonien, die zu einem Einschnitt, der Kadenz, hinführen, zunehmend dramatische und schnellere Wechsel aufweisen; wenn der erwartete Schlussteil eines Stückes verzögert wird; wenn Lautstärke und Spannung eines Stückes plötzlich wechseln; bei der Abfolge von ästhetisch besonders schön erlebten Harmonienfolgen; wenn die Harmonienfolge in Quinten wieder zur Grundtonart absteigt.

Gänsehaut hingegen wird vermehrt durch unerwartete, plötzliche musikalische Ereignisse hervorgerufen wie unvorbereitete Wechsel von Harmonie, Lautstärke und Dynamik, wenn der melodische Höhepunkt früher als erwartet eintritt oder unerwartete rhythmische Elemente wie beispielsweise Synkopen auftreten. Eine Beschleunigung des Pulses trat bei allen Versuchen in unterschiedlichem Maße auf.

Die Brücke von diesen rein messtechnischen Versuchen hin zur Erlebnisebene der Musik zu schlagen, gelingt im selben wissenschaftlichen Ansatz schwerlich. Die Erkenntnisse hieraus sind jedoch im großen Kontext gesehen aufschlussreich. Es ist immer wieder frappierend, wie sehr Klang sowohl seelisch als auch körperlich, das heißt ganzheitlich, wirkt. Die analytisch verstandesmäßigen, die körperlichen, die emotionalen und tiefenpsychologischen Wirkungen überschneiden sich beim Hören von Musik ständig und können nur zum Zweck einer besseren Verständigung zunächst voneinander getrennt werden. Klang wirkt auf der mentalen und auf der leiblich-psychischen Ebene gleichermaßen.

Wenn wir nun Überlegungen anstellen über die Wirkung von Musik auf den Menschen, so geraten wir unweigerlich in das Spannungsverhältnis Leib-Seele hinein. Diese Schwelle, wo der Leib sich in das Seelische transformiert, die Schnittstelle, wo die beiden Sphären sich berühren, kann je nach Blickwinkel als Trennlinie oder als Verbindung angesehen werden. Je nach Ausrichtung der wissenschaftlichen oder weltanschaulichen Sichtweise können die beiden Ebenen als getrennte Identitäten oder als zwei Facetten der gleichen Einheit angesehen werden. Der ganzheitlich orientierte Betrachter erlebt die Mehrdimensionalität unseres Wesens eher als ein Oszillieren zwischen verschiedenen Bedeutungsebenen denn als strukturell diverse Anteile.

Das bedeutet aber auch, dass über das Erleben von Klang die ursprüngliche Einheit von Leib und Seele erfahren werden kann; dass die Trennung, die mit der Dominanz des rational-wissenschaftlichen Weltbildes etabliert wurde, überwunden werden kann. Insofern ist das Gehirn auch nicht gleichzusetzen mit dem erfahrenen Selbst, sondern der ganze Leib ist Wahrnehmungsorgan. Die spezifischen Schwingungen von Musik erreichen Bereiche unseres Gehirns, unseres Leibes und unserer Psyche, die dem rational-analytischen Denken primär vorenthalten bleiben.

Der Zusammenhang von Musik und Seele hat immer eine zentrale Rolle im kulturellen Leben der Menschheit gespielt, Musik war und ist bei allen wichtigen Episoden der Einzelnen wie auch der Gemeinschaft zugegen. Beispiele: Taufe, Hochzeit, Begräbnis, Übergangsrituale, Staatsakte. Musik stand immer im Dienste des Rituals, des Gottesdienstes, der Gemeinschaft der tiefsten menschlichen Erfahrung. Im Ritual, in der Musik, kommt es zur „Teilnahme am Weltganzen als Aufgabe des menschlichen Lebens", schreibt Jean Gebser. Musik ermöglicht das individuelle Erleben der Gemeinsamkeit, das Verstandensein im Ganzen. Es gibt keine Kultur ohne Musik, und ohne Musik ist Kultur nicht lebensfähig. Man könnte es auch mit C. G. Jung so formulieren: Musik ist die Muttersprache der Menschheit, die Sprache der Seele. Oder letztlich – Musik ist die innere oder universelle Sprache Gottes.

Denker und Wissende haben zu allen Zeiten versucht, Gesamtzusammenhängen dieser Art auf die Spur zu kommen. Der Sufi-Philosoph und Musiker Hazrat Inayat Khan drückt das so aus: „Wer das Geheimnis der Töne kennt, kennt das Mysterium der ganzen Welt." Der griechische Philosoph Plato sah in der Musik bereits ein naturgesetzhaftes Ordnungsprinzip in der Gestalt des Klanges. Er war der Ansicht, dass Musik und Seele eine identische Struktur aufweisen und begründete damit die Wirkung von Musik auf den Menschen. Musik sei dazu da, die Bahnen unserer Seele im Körperlichen in Ordnung und Einklang mit sich selbst zu bringen. Pythagoras' Entdeckung der Naturtonreihe wurde bereits erwähnt. Kepler untersuchte die Übereinstimmungen zwischen Geometrie, Arithmetik, Astronomie und Musik. Entsprechend der musikalischen Obertonreihe fand Kepler überall Strukturen, die eben diesen Verhältnissen entsprachen. Auf den Kreislauf der Gestirne übertragen, sprach er von der „Harmonia mundi", der kosmischen Harmonie. Das ist, wie neueste wissenschaftliche Befunde ergeben, nicht allegorisch, sondern ganz wörtlich zu verstehen. In Intervalle übertragen finden sich bei den Planetenbahnengesetzen bei sechzig von achtundsiebzig Tönen solche des Dur-Dreiklangs, das heißt, unser Sonnensystem besitzt eine harmonikale Grundkonzeption.

Die Vorstellung einer Weltharmonie, das heißt der musikalisch strukturierte Zusammenklang von Makro- und Mikrokosmos mit dem Menschen im Mittelpunkt, hat den Menschen zu allen Zeiten beflügelt. Man versuchte dies sowohl mathematisch-naturwissenschaftlich zu begründen, wie zum Beispiel Kepler und Pythagoras, aber auch ganzheitlich intuitiv seelisch, wie die Mystiker und Philosophen. Das Begriff der indischen Geistigkeit, Nada Brahma, den J. E. Berendt so ausführlich beschrieben hat, besagt nichts anderes, als dass die Schöpfung Klang ist, aber auch, dass Gott selbst Klang bedeutet.

So stoßen wir in der Literatur immer wieder auf Formulierungen wie diese: Musik ist die Verbindung zum Unsichtbaren, oder: Musik ist das vierte Grundbedürfnis unserer physischen Natur, sie kommt gleich nach Nahrung, Kleidung, Obdach. Durch Musik erhält das Göttliche in uns Gelegenheit, sich hier auf Erden zu manifestieren. Der Romantiker Eichendorff fühlte es so: „ Ist ein Lied in allen Dingen …"

So eignet sich Musik gerade im Zeitalter der Globalisierung, das heißt einer Zeit der drohenden kulturellen Nivellierung und einseitigen Vorherrschaft ökonomisch-technischen Denkens in besonderem Maße für einen Brückenschlag zwischen Naturwissenschaft und Geisteswissenschaft, zwischen der Welt der Technik und dem Bereich des Seelisch-Spirituellen.

Musik eröffnet den Übergang vom Physikalischen zum Psychologischen, vom Grobstofflichen zum Feinstofflichen, vom Materiellen zum Spirituellen, letztlich von der Form zum Sinn. Musik eröffnet die Möglichkeit, sich selbst zu spüren, sich selbst wahrzunehmen. Wahrnehmen, das heißt, das Wahre in sich so zu erahnen, dass Musik die tiefsten Ebenen unseres Wesens berühren kann. Letztlich ist es ein mystisches Erlebnis, das Streben nach dem Ursprung, nach der Harmonie, dem Einklang, der Aufhebung der Trennung, der Überwindung der Gegensätze, letztlich das Wiedereintauchen in einen paradiesischen Urzustand.

Sie haben mehrmals den Begriff „Seele" gebraucht. Die Seele lässt sich ja nicht an einem Ort festmachen.

Es lässt sich darüber streiten, ob der Begriff „Seele" entbehrlich ist. Das ist sicher eine sehr individuelle Aussage. Ich denke, dass die Phänomene, wie zum Beispiel veränderte Bewusstseinszustände, und die darin gemachten Erfahrungen, die in allen Religionen und spirituellen Überlieferungen der Menschheit in doch sehr ähnlicher Weise beschrieben werden, auf die Existenz von Bereichen hinweisen, die außerhalb unseres alltäglichen Erfahrungsrahmens liegen. Das weist darauf hin, dass eine spirituelle Dimension, die wir mit einem Wesensanteil von uns, der jenseits der Ratio liegt, erfahren können, existiert. Die Seele wäre dann dieser Anteil, der eine unmittelbare und vielleicht sogar zeitunabhängige Verbindung zu diesen Bereichen hat.

Lebt der Mensch gesünder, der in sein Leben ein Stück weit Spiritualität, Mystik, Meditation mit einbezieht?

Ich würde sagen, primär ja. Er kann mit Sicherheit zufriedener leben, weil er sich in einem größeren Kontext geborgen fühlen kann; die Zeugnisse gläubiger Menschen belegen dies in vielfältiger Weise. Auch die Frage nach dem Sinn des Lebens kann dadurch positiv beantwortet werden. Weiterhin legen epidemiologische Untersuchungen nahe, dass zufriedene, nicht depressive, aktive Menschen seltener erkranken als solche, die dies nicht sind. Letztlich ist Meditation per se gesundheitsfördernd: Es gibt Untersuchungen über die messbaren positiven Auswirkungen der Meditation auf Herz und Kreislauf.

Auf der anderen Seite ist der Umkehrschluss nicht erlaubt. Ich kenne zahlreiche sehr bewusst lebende, geistig sehr bemühte Menschen, die dennoch an körperlichen Erkrankungen leiden.

Sie haben immer wieder Brücken zu den Religionen geschlagen. Ist Religion, richtig angewendet, doch ein Faktor, der eher heilt, anstatt zu verletzen, krank zu machen?

Ich denke schon. Religion, der Begriff „re-ligio" bedeutet ja Rückbindung, man könnte in neuerer Ausdrucksweise fast sagen Rückversicherung, das heißt die Rückbeziehung oder die Anbindung an einen größeren Gesamtzusammenhang. Es ist doch die mystische Erfahrung, die in all den erwähnten Schulen, Kulturen immer wieder zu Tage tritt, dass der Mensch nicht nur ein materielles Wesen ist, das zufällig auf dieser Erde steht, sondern dass er in einem größeren kosmischen Gesamtzusammenhang steht. Man muss es gar nicht mit den Termini der klassischen Religionen beschreiben. Es ist natürlich möglich, sich ihrer zu bedienen. Es gibt aber nahezu atheistische Strömungen, die dennoch eine tiefe Spiritualität beinhalten. Beispielsweise ist der Zen-Buddhismus, von dem ja so mancher christliche Meditationslehrer etwas abgeschaut hat, sicher eine hoch stehende spirituelle Tradition. Er kommt aber ohne einen feststehenden Gottesbegriff, wie ihn das Wort „Religion" bei uns primär assoziiert, aus.

Eine transzendente Erfahrung ist unabhängig vom Gewand der aktuellen kulturellen Gegebenheiten.

Wie ist es zu erklären, dass die asiatische Kultur in diesem Feld uns doch sehr weit überlegen scheint? Liegt das am Menschenbild?

Der größte Unterschied liegt im Verständnis der Religiosität. Im Abendland sind die Religionen hierarchisch, patriarchalisch, autoritär und dualistisch – ich auf Erden hier unten und dort oben der mächtige, männliche, Unterwerfung fordernde Gott. Die spirituellen Traditionen in Asien sind weniger Religion im abendländischen Sinne als „Wege zur Selbstbefreiung" – eine Formulierung von

Alan Watts – und zwar hier und jetzt und aufgrund meiner eigenen geistigen Fähigkeit zur Introspektion. Natürlich haben die Mystiker in Europa dies auch so erkannt, aber sie führten ein eher gerade geduldetes Dasein am Rande des Dogmas, wie zum Beispiel Meister Eckhart, wenn sie nicht gar auf dem Scheiterhaufen endeten. Der Osten ist da aus meiner persönlichen Sicht, vielleicht auch etwas vereinfacht gesagt, ungleich toleranter – da die Erleuchtung von innen kommt, ist auch der sonderbarste individuelle Weg dahin akzeptiert.

Was hört das Kind im Mutterleib? Der Einfluss pränataler Erfahrungen

Herr Silber, man sagt, dass das Kind im Mutterleib schon Klänge, Schwingungen, Schall aufnehmen kann. Es gibt ja im Lukasevangelium die Stelle: „Denn siehe, als der Klang deines Grußes an mein Ohr kam, hüpfte das Kind vor Freude in meinem Leibe." Das heißt, das ungeborene Kind im Mutterleib nimmt mehr wahr, als wir eigentlich ahnen.

Das ist richtig. Die Menschen wussten oder ahnten es schon immer, wie das Lukaszitat zeigt, aber erst in den letzten Jahrzehnten nahm auch die Wissenschaft zur Kenntnis, dass der Mensch nicht erst nach der Geburt ein wahrnehmungsbefähigtes Wesen ist, sondern bereits lange vor seiner Geburt.

Auf das Ohr bezogen bedeutet das: Die erste Anlage des Ohrbläschens erfolgt in der fünften Schwangerschaftswoche, mit der achtzehnten Woche ist das Cortiorgan, die Sinneszellen des Innenohrs, mit der darauf ruhenden Membran voll funktionsfähig. Eindeutige Reaktionen des Kindes auf akustische Reize sind ab der vierundzwanzigsten Woche zu registrieren. Das Mittelohr bleibt bis zur Geburt in Flüssigkeit eingetaucht. Das bedeutet, dass das Kind die Schallwellen in der Gebärmutter primär über die Knochenleitung, also über den ganzen Organismus empfängt, auf dem Weg der direkten körperlichen Schallübertragung auf das Innenohr. Die Empfindlichkeit des Hörorgans, speziell der Basalmembran, für bestimmte Frequenzbereiche, verändert sich im Laufe der Entwicklung. Das hat zur Folge, dass das ungeborene Kind zunächst die tiefen, später die halbtiefen und zuletzt die hohen Frequenzen hören kann.

Was heißt das konkret für die Mutter beispielsweise im Umgang mit ihrer Stimme, mit Gesang, wenn sie ein Instrument spielt, beispielsweise Klavier oder Violine? Muss sie da etwas Besonderes berücksichtigen?

Das Kind ist jedenfalls immer dabei. Im Mutterleib ist es alles andere als still – das Kind wächst in einer permanent von Klängen und Geräuschen geprägten Umgebung auf: Das Herz der Mutter schlägt, die Mutter spricht, die Darmgeräusche sind vorhanden, die Knochen knarren manchmal in den Gelenken; die Mutter hustet und räuspert sich. Hinzu kommen die vielfältigen Geräusche von außen, die nur leicht durch Bauchwand und Fruchtwasser gefiltert und modifiziert in die Gebärmutter eindringen. Das Kind wächst in einem Kosmos von Klang auf. Als Grundlage für die Beziehung Mensch-Umwelt wird die durchgehende prägende musikalische Erfahrung des mütterlichen Herzschlages angesehen. Das Wort Mutter, Mama, Ama findet sich phonetisch in allen Sprachen ähnlich, und es fällt nicht schwer, daraus den Urherzrhythmus abzulesen.

Die mütterliche Stimme schließlich hat einen prägenden Einfluss auf die Entwicklung des ungeborenen Kindes. Dies konnte in einer Vielzahl von Untersuchungen nachgewiesen werden. Die pränatalen Erfahrungen der Mutterstimme mit ihren musikalischen Parametern Klang, Melodie , Rhythmus sind nicht nur im entwicklungsphysiologischen Sinn als wesentliche Basis für die spätere Sprachfähigkeit bedeutsam, sondern zugleich als Medium der kontinuierlichen Verbindung der Lebenszeit innerhalb und außerhalb der Gebärmutter. Der Begriff „Muttersprache“ ist demnach in einem wesentlich breiteren Kontext zu sehen. Er umfasst mehr als nur die bloße Vermittlung einer Sprache.

Das Singen der Mutter ist von ganz besonderer Bedeutung. Ungeborene reagieren positiv auf jegliche Art von mütterlichem Gesang. Man kann das durch Messung der Bewegungen der Kinder überprüfen. Ruhige Kinder strampeln weniger als unruhige Kinder. Oder man kann auch den Herzschlag, also unmittelbar den Pegel der Aufregung des Kindes messen. Die mütterliche Stimme prägt ungemein, sie beruhigt das Kind. Dabei ist es nahezu gleichgültig, was die Mutter singt. Man könnte meinen, dass aufregende Musik für die ungeborenen Kinder belastend sei. Für den Gesang der Mutter trifft dies jedenfalls nicht zu. Selbst bei Opernsängerinnen, die dramatische Passagen singen mussten, blieben die Kinder ruhig. Das heißt, die Mutterstimme per se ermöglicht ein solches Maß an Urvertrauen, dass keine Störung weiter möglich ist.

Anders ist es bei Musik von außen. So haben die typischen Wiegenlieder, ruhige Lieder mit klaren rhythmischen Strukturen, einfachen Melodien, einen beruhigenden Einfluss, während laute und sehr schnelle Musik durchaus zu einer Anregung oder Beunruhigung des Kindes führen kann. Es ist auch interessant, dass Wiegenlieder in verschiedenen Kulturen unabhängig von ihrer kulturellen Charakteristik musikalisch gleiche Strukturen aufweisen, nämlich den langsamen Rhythmus, die sanften Melodien. Das heißt, wir könnten ein Wiegenlied aus einer uns fremden Kultur sofort als solches erkennen.

Fazit: Das Singen der Mutter ist als Brücke zwischen der vorgeburtlichen und nachgeburtlichen Welt ganz wesentlich.

Gibt es Untersuchungen darüber, dass Kinder, die sehr musikalisch im Mutterleib begleitet wurden, sich dann auch später leichter tun, sich der Musik zu öffnen?

Das ist sicher der Fall. Es gibt Berichte, dass Kinder von Müttern, die sehr viel musiziert haben, eine besondere Affinität zu den Musikstücken entwickelt haben, welche die Mutter während der Schwangerschaft geübt hat. Diese Stücke konnten dann oft auch beim Einschlafritual für die Kinder eingesetzt werden, weil sie das Urvertrauen symbolisieren. Außerdem gibt es Anekdoten von hoch begabten Musikern, die Musikstücke, welche die Mutter in der Schwangerschaft gespielt hatte, in kürzester Zeit selbst beherrschten. Die Informationsübertragung Mutter-Kind ist somit sehr, sehr direkt. Das geht mittlerweile so weit, dass in Japan bestimmte Kassetten mit Lernmusiken für die ungeborenen Kinder auf den Markt gebracht werden.

Das Kind im Mutterleib also lernt de facto schon, es nimmt auf, verarbeitet, speichert und reproduziert das Gelernte im späteren Kontext.

Diese Erkenntnis nutzt man auch bei der so genannten auditiven Stimulation von Frühgeborenen: Man nimmt Tonbandaufnahmen der mütterlichen Stimme oder des Herzschlags der Mütter und bespielt Frühgeborene in ihren Brutkästen damit. Das hat zur Folge, dass diese Kinder im Vergleich zu den nicht bespielten Kindern schneller gedeihen, schneller genesen, einen niedrigern Sauerstoffverbrauch haben, seltener unruhig sind und die Dauer des Aufenthaltes auf der Kinderintensivstation signifikant verkürzt werden konnte. Aber auch Musik hilft den Kindern zur Ruhe. Vivaldi und Mozart macht die Kinder ruhiger, Brahms, Beethoven und Rockmusik beunruhigt sie eher.

Noch einmal auf den Erwachsenen bezogen: Ist es bei der Klangtherapie auch möglich, dass plötzlich so genannte Urklänge bewusst werden, die Menschen im Mutterleib erfahren haben?

Ein wesentliches Charakteristikum der Instrumente, die in der Klangtherapie zur Anwendung kommen, besteht darin, dass sie den Klängen, die wir als Ungeborene schon hörten, ähneln und daher nun für den Hörer eine Versenkung in diesen Urzustand ermöglicht wird.

Das Auge führt den Menschen in die Welt, das Ohr führt die Welt in den Menschen

Könnte man laienhaft sagen, das wichtigste Organ der Menschwerdung ist das Ohr?

Ich möchte mich davor hüten, Organe in wichtige und unwichtige zu klassifizieren. Was jedoch sicher gesagt werden kann: Das Ohr ist ein zentrales Wahrnehmungsorgan. Man bezeichnet das Auge häufig als den edelsten Gesichtssinn. Auch beobachtet man eine Dominanz des Gesichtssinnes gegenüber den anderen Sinnesorganen; diese Tendenz ist Ausdruck der Überbewertung rationaler Denkweise in der gegenwärtigen kulturellen Epoche.

Das Ohr ist jedoch ein Organ mit äußerst bemerkenswerten Eigenschaften – sowohl in Bezug auf seine messbare Leistungsfähigkeit wie auch in Bezug auf seine qualitative sinnliche Kompetenz im Vergleich zu den anderen Sinnesorganen.

Bei oberflächlicher Betrachtung mag sich der Eindruck ergeben, dass das Auge ein genaueres, zur größeren Differenzierung geeignetes Organ ist. Dieser Eindruck trügt, denn das Auge ist in der Exaktheit seiner Aussagen dem Ohr deutlich unterlegen.

Bei der Beschreibung der Obertöne (S. 28 ff.) habe ich dargelegt, wie die natürliche Tonreihe im Verhältnis zum Grundton nur in ganzzahligen Teilschritten auftritt. Entsprechend verändert sich die Saitenlänge eines Instruments im Verhältnis zu ihrer Grundlänge, wenn verschiedene Intervalle zum Klingen gebracht werden. Bezogen auf die überlegene Fähigkeit des Ohres, auch zum Messen, bedeutet das Folgendes:

Wenn Sie eine Versuchsperson auffordern, einen Meter per Augenmaß in zwei gleiche Teile zu unterteilen, so wird dies noch einigermaßen klappen. Jedoch bei der Aufgabe, eine Unterteilung in drei Viertel, drei Fünftel, fünf Achtel oder gar im Verhältnis fünfzehn zu sechzehn vorzunehmen, käme auch ein geübter Graphiker in Schwierigkeiten. Anders das Ohr. Selbst ohne besondere Ausbildung könnte der gleiche Mensch mit Hilfe des Gehörs eine

Saite in eine Oktave, eine Quarte, eine große oder kleine Sexte beziehungsweise in eine kleine Sekunde stimmen – um bei den eben genannten Unterteilungen zu bleiben – und auf diese Weise exakt in ihre Längenproportionen aufteilen.

Diese Fähigkeit des Ohres zum Messen zeigt sich noch an einem weiteren Beispiel: Für das Ohr ist es nichts Besonderes, eine doppelte Frequenz, das heißt eine Oktave exakt zu erkennen. Aber wer kann auch nur ungefähr sagen, wo die doppelte Wellenlänge der Farbe rot (380 nm) im violetten Bereich (760 nm) zu suchen ist? Völlig ins Schleudern kommt das Auge bei der Beurteilung von Farben, wenn sich die Beleuchtung ändert. Das rührt daher, dass wir die Farbe von Materie letztlich gar nicht kennen, sondern unser Farbeindruck einerseits vom Absorptionsverhalten beziehungsweise Reflexionsverhalten der Stoffe und andererseits von der Interaktion mit externen Lichtquellen abhängt. Der berüchtigte Blick durch die „rosa Brille" illustriert dies – der Farbeindruck der Welt ändert sich völlig, er bekommt die Rotfärbung, und – nach Absetzen der Brille – einen Grünstich. Wie aber sieht die Welt nun wirklich aus? Sehen heißt auch ver-sehen ...

Anders das Ohr. Es ist in der Lage, auch unter schwierigen Bedingungen einen sinnvollen Höreindruck zu errechnen. So kann eine Melodie oder auch ein komplexes Musikstück selbst bei zahlreichen Störgeräuschen oder mehreren Musikquellen gleichzeitig eindeutig erkannt werden. Wer einmal ein großes Orchester beim Stimmen erlebt hat, weiß, was das bedeutet.

Ist das Ohr in der Tat ein präziseres Organ ist als das Auge ?

Auf jeden Fall. Schon bei der primären Reizverarbeitung zeigt sich die enorme Leistungsfähigkeit des Ohres. Während das Auge einen Frequenzbereich von etwa einer Oktave erkennen kann – dunkelrot bis violett, umfasst der Wahrnehmungsbereich des Ohres etwa vierzehn Oktaven, von 16 Hz bis 16000 Hz. Auch in der Informationsverarbeitung der eingehenden Reize ist das Ohr mindestens einhundert Mal schneller als das Auge. Bezüglich der Sensibilität ist das Ohr unübertroffen – eine höhere Auflösung ist gar nicht mehr möglich, weil wir sonst das Rauschen der Moleküle hören würden. Der Intensitätsbereich ist gewaltig, Lautstärkeveränderungen vom Faktor eins zu einer Million können verarbeitet werden. Das Auge wäre hier zwischen völliger Dunkelheit und Blendung hin und her geworfen.

Diese erstaunlichen Leistungen rühren auch daher, dass für das Ohr als Folge der harmonikalen Gestaltung von Klang und der mathematisch klaren Strukturierung der Naturtonreihe Sinneswahrnehmung immer mit tatsächlichem Messen von Frequenzen verbunden ist. Im Gehörsinn ist die Mathematik sozusagen immanent enthalten. Ein Höreindruck ist immer ein exakter Messvorgang, ein Seheindruck jedoch bleibt ein subjektives Abschätzen, ein „Anschein", ein „Schein-bares".

Auch in der sinnlichen Verarbeitungsebene, der Bedeutungsdimension, werden die Unterschiede zwischen Auge und Ohr deutlich.

Das Auge geht an die Dinge heran, wird eher mit aggressiven (aggregere = herangehen) Eigenschaften, das Ohr eher mit rezeptiv-sanften Qualitäten in Verbindung gebracht. Die Sprache verdeutlicht dies – man hat einen stechenden Blick, der scharf ist wie ein Adlerauge, bis hin zum bösen Blick. Das Auge forscht, der Blick schweift umher, ist unstet, flackert – Ausdrücke, die im Zusammenhang mit dem Ohr nie vorkommen. „Videre" heißt sehen, „dividere" teilen. Die Zerteilung der Gesamtheit durch die Ratio, wie sie seit der Aufklärung in Europa praktiziert wird, spiegelt sich in der Überbewertung des Sehens wider und findet schon in der frühen sprachlichen Gestaltung ihren Ausdruck. Das Auge teilt, trennt, der Weg zurück zur Ganzheit gelingt über das Ohr.

Das Ohr lauscht, das Ohr öffnet, man ist über beide Ohren verliebt. In der chinesischen Denkweise wird das Ohr Yin, das Auge Yang zugeordnet. Die Qualitäten des Weiblichen, Seelisch-Tiefgründigen, Empfangenden, Weichen, Dunklen, Verbindenden werden deutlich. Das Ohr hat anatomisch eine Trichterform, die von außen bis tief in unseren Schädel hinein führt, eine Analogie zum weiblichen Geschlechtsorgan, zum Geburtskanal. Die Ohrmuschel selbst besitzt die Form eines Embryos. Diese Ähnlichkeit ist übrigens nicht nur allegorisch, sondern auch qualitativ: Der Mensch in seiner Gesamtheit projiziert sich in das Ohr, ein Tatbestand, der in der Aurikulomedizin, der Ohr-Akupunktur, zur Anwendung gebracht wird.

Das Auge führt den Menschen in die Welt, das Ohr führt die Welt in den Menschen.

Und nicht nur diese Welt – die spirituelle Dimension ist seit jeher untrennbar mit dem Hören verbunden. Auch Martin Luther wusste das. In einer Predigt sagt er 1545: „... ob man wol sein Reich nicht sihet, wie man das weltliche sihet, so höret mans dennoch ... und Christi Reich ein Hör-Reich, nicht ein Sehe-Reich. Denn die Augen leiten und führen uns nicht darin, da wir Christum finden und kennen lernen, sondern die Ohren müssen das tun das Reich Christi stehet allein im Gehöre ...“[2]

Die wahre Größe des Gehörsinnes liegt daher in seiner unmittelbaren Nähe zum seelischen Erleben. Beim Propheten Jesaja heißt es: „Höre, so wird deine Seele leben“ – das Ohr als das Tor zur Seele.

Das „dritte Ohr“, so von Friedrich Nietzsche formuliert, steht für die Fähigkeit, Sinnzusammenhänge im Klangerlebnis insgesamt zu begreifen, das heißt, eine Atmosphäre zu empfinden und sich durch starke persönliche Anteilnahme neu beseelen zu lassen. Nach C. G. Jung spricht in der Musik eine Seele zu unserer Seele oder Musik wird gar als gemeinsame Seele der ganzen Menschheit erlebt.

In vielen kulturellen Aufzeichnungen ist die enge Verbindung des Ohres zum seelischen Erleben, der Gehörsinn und die Verbindung zur Transzendenz dokumentiert. Über das Ohr können Ebenen überschritten werden, die rein physische kann zur metaphysischen

---

[2] Zitiert nach J. E. Berendt, „Das dritte Ohr“.

Ebene transzendieren, das Mathematische kann zum Seelischen, das Bewusste zum Unbewussten, das Formale zum Sinnlichen werden. Hören heißt generell, alle diese Ebenen zueinander in Beziehung zu setzen. Eine Qualität der Wahrnehmung kann nie vollständig von den anderen isoliert werden. Nicht umsonst haben Klänge und Musik in allen Kulturen einen so hohen rituellen beziehungsweise religiösen Stellenwert.

Das Ohr ist mithin als erster Sinn bereits im Mutterleib erwacht und bleibt noch erhalten, selbst wenn wir in der Stunde des Todes die Augen bereits geschlossen haben. Diese Erfahrung gipfelt in den Lehren des so genannten Tibetischen Totenbuches, dem Bardo Thödol. Übersetzt heißt dieser Titel: „Die große Befreiung durch Hören im Bardo".

In diesem Buch werden spezielle Praktiken zur Sterbebegleitung vorgeführt, spezielle Gesänge und Gebete beschrieben, die sowohl vor als auch nach dem physischen Tod des Betreffenden rezitiert werden. Bardo ist der Schwebezustand, in dem die Seele im Intervall zwischen Tod und Wiedergeburt verweilt. Dort kann sie durch Klänge erreicht werden.

Zusammengefasst: Das Ohr fungiert als Brücke an zwei zentralen Übergängen – als Brücke zwischen der Existenz von der hiesigen zur jenseitigen Welt genauso wie als Brücke zwischen der intrauterinen zur extrauterinen Existenz, dem Sein vor und nach der Geburt.

Ich möchte hier eine ganz konkrete Frage anschließen: Eine Krankheit, die immer häufiger auftritt, ist der Tinnitus. Lässt sich solch eine Krankheit, die ja im Gehör ihren Sitz hat, auch durch Klangtherapie beheben?

Zum Tinnitus ein Kommentar vorweg: Obwohl Tinnitus sich offensichtlich im Gehör abspielt und damit in den Zuständigkeitsbereich der Hals-, Nasen- Ohrenärzte fällt, ist es eine Tragik, dass diese einer der häufigsten Erkrankung des Gehörsinnes machtlos gegenüberstehen. Das heißt, es gibt noch keine wirklich approbierte, sichere Therapie gegen den Tinnitus. Eines weiß man jedoch: dass Tinnitus immer mit Verspannungszuständen sowohl im Seelischen wie auch im Körperlichen zusammenhängt.

Das bedeutet, dass Entspannungsmaßnahmen auf allen möglichen Ebenen angezeigt sind. Hier sind wir natürlich wieder bei der Klangtherapie, die durch die Entspannung, durch die Lockerung, durch die Regulierung des Körpers in allen seinen Ebenen vom Körperlichen bis zum Seelischen auch versuchen kann, den Tinnitus zu beheben.

Es gibt auch orthopädische Ursachen des Tinnitus: eine Dysfunktion beziehungsweise Blockade der Halswirbelsäule, des Kiefergelenkes oder des atlanto-occipitalen Übergangs, das ist die Verbindungsstelle zwischen dem ersten Halswirbelkörper und der Schädelbasis. In diesem Falle fällt die Behandlung in den Bereich der Myoreflextherapie.

Aber ein Tinnituspatient hat nicht unbedingt eine Aversion gegen zusätzliche Klänge, gegen eine Klangtherapie?

Nein, im Gegenteil. Tinnituspatienten werden schon deshalb zur Teilnahme ermutigt, weil die Klangtherapie eine gewisse Ähnlichkeit mit einer neuen Form der Tinnitustherapie hat. Es gibt die so genannten „Tinnitus-Masker“ – das sind Geräte, die über Kopfhörer Töne abspielen, die die Frequenzen des Tinnitus überdecken. Als Folge geht das lästige Ohrgeräusch im Hintergrundrauschen eines allgemeinen Klangs verloren, und somit wird die Belästigung des Patienten reduziert. Diesen Effekt nützt die Klangtherapie ebenfalls aus. Die Patienten erleben sich bisweilen erstmals geräuschfrei und können sich dann den tieferen Entspannungsmöglichkeiten öffnen.

Keine Kultur ohne Musik – Klang als Medium zwischen dem Einzelnen und der Gemeinschaft

Herr Silber, zu Beginn des Buches haben wir die archaischen Instrumente kurz charakterisiert, in ihrer Wirkung beschrieben, in ihrer Herkunft benannt. Noch mal zurück zur Thematik „Musik in der Entwicklung der Kulturen". Wenn wir die Entwicklungsgeschichte der Menschheit zurückverfolgen, so erkennen wir eine sich gegenseitig durchdringende Entwicklung von Bewusstsein und Kultur auch in der Entfaltung der musikalischen Ausdrucksweise.

Der Schweizer Kulturphilosoph Jean Gebser beschreibt in seinem Werk „Ursprung und Gegenwart" ein Modell von fünf Stufen, das sich als Gesamtschau der menschlichen Evolution, der Geschichte des Bewusstseins und dessen Ausdruck im kulturellen Leben anbietet. Ein Überblick hierüber ist notwendig, um die Wirkung von Musik und Klängen im heutigen Kontext zu verstehen.

Gebser unterscheidet fünf Stadien der Bewusstseinsstruktur:

- die archaische Bewusstseinsebene
- die magische Bewusstseinsebene
- die mythische Bewusstseinsebene
- die mentale Bewusstseinsebene
- die integrale Bewusstseinebene

Jede dieser Stufen hat ihre besonderen Charakteristika. Jede zeigt einen entwicklungsgeschichtlich wichtigen Abschnitt der Menschheit und hat ihre eigene charakteristische musikalische Ausdrucksform. Daraus lässt sich ableiten, wie Kultur und Musik sich gegenseitig bedingen, dass Kultur ohne Musik eigentlich nicht denkbar ist.

Sehen wir uns die einzelnen Stufen etwas genauer an: Die archaische Stufe, das ist die Welt des Cro-Magnon und des Neandertalers. In dieser Stufe finden wir Klangkörper aus der Natur, wir finden sicher schon die Entwicklung der Sprache und damit auch die Entwicklung des Gesangs. Neuere Untersuchungen an

Schädeln konnten nachweisen, dass Mund- und Gaumenform bereits vor 50000 Jahren denen des Homo sapiens sehr nahe kommen, sodass Sprache und Gesang zu dieser Zeit möglich gewesen sein müssen. Wir finden Naturgeräusche, das Erleben und Nachempfinden von Rhythmen der Natur und des Körpers. Wir finden aber auch schon die Flöte. Früheste Funde zeigen, dass die kulturelle Entwicklung stets mit der Herstellung von Instrumenten verbunden war. So wurde auf der Schwäbischen Alb, in einer Höhle in der Nähe von Blaubeuren, eine 36000 Jahre alte Flöte aus Knochen gefunden, die bereits drei Grifflöcher besitzt. Weitere Funde aus Slowenien datieren Knochenflöten sogar in die mittlere Steinzeit etwa vor 45000 Jahren.

Die zweite, die magische Bewusstseinsstruktur ist im Steinzeitalter angesiedelt. Hier entwickeln sich die Magie der Stimme und der Trommel, Tanz und Trance in periodisch sich wiederholenden Mustern, schamanistische Heilmusik und Mantren. Die magische Musik hat sich bis heute bewahrt in den Klängen und der Musik der so genannten Naturvölker. Wir finden sie in den Tänzen und den Klängen der Navahos ebenso wie in den Trommelstrukturen Afrikas, der Musik der Aborigines und auch in den vedischen Gesängen des indischen Subkontinents. Etwas später in dieser Periode findet der Wechsel vom Nomadentum zur sesshaften Lebensweise statt, die Entwicklung von Ackerbau und städtischer Kultur. So bezeugen früheste schriftliche Überlieferungen aus dem Zweistromland die Partnerschaft von Musik und Heilkunde. Auch in ägyptischen Tempeln sehen wir zahlreiche Darstellungen von Musikanten, Tänzern, Instrumenten. In China wird Fuxi, der erste mythische Herrscher in vorgeschichtlicher Zeit, als der Entdecker des Feuers und der Erbauer des ersten Saiteninstruments, der Qin, überliefert. Seine Nachfolger strukturieren die Musik, erfinden den Pflug und erlassen Gesetze zur Landvermessung. Auch hier die Gleichzeitigkeit von Ackerbau, Sesshaftigkeit und der Pflege von Musik.

Kurz: Strukturierung des Lebens und Musik als fester Bestandteil davon.

Die Musik der Gegenwart bezieht sich auf diese Stufe in Form der Minimalmusik, die durch ähnliche kurze, sich wiederholende Muster und Ostinaten gekennzeichnet ist. Aber auch in der Disco-Musik des Bass-and-Drum finden sich genau die gleichen Elemente, die schon zur Urzeit unserer Kulturgeschichte die Menschen bewegt haben. Die Magie des Rhythmus fesselt uns heute mehr denn je, sie sorgt aber nicht unbedingt für Rückzug in die Isolation, sondern für die Integration in die Gruppe.

Auch schamanistische Heilmythen setzten die Musik unmittelbar zur Erzielung von veränderten Bewusstseinszuständen ein. Das sind Zustände, in denen die Welt der Geister und Dämonen zum Zwecke der Heilung erfahren werden kann. Die Trommel ist hierbei ein unverzichtbares Instrument.

Auf der nächsten Stufe, der mythischen Phase, entstehen einstimmige modale Tonskalen, es werden Intervalle erlebt, es kommt zur weiteren Differenzierung von Rhythmik, es kommen Kompositionen mit zyklischen Perioden. Wir finden diese Merkmale in der indischen Musik sowie der Musik der arabischen Hochkultur etwa ab dem Jahr 500 n. Chr. In dieser Periode werden bereits die differenziertesten Erkenntnisse über Musik und ihre therapeutische Kraft gewonnen. So finden wir im islamischen Schrifttum zahlreiche detaillierte Beschreibungen, wie Musik den Menschen auf spiritueller, emotionaler, körperlicher und sozialer Ebene zu beeinflussen vermag. Dies gelingt in Arabien unter anderem durch die Entwicklung von so genannten Makamen, wo ein Eintonschritt in neun Mikrotöne unterteilt wird. So können feinste Abstimmungen, spezifischste Klangstrukturen und differenzierteste Tonleitersysteme entstehen.

Der Reichtum an Obertönen und deren Gewichtung bleibt ein weiteres Hauptmerkmal der östlichen Musik, wobei die Klangfarbe als Träger des seelischen Ausdrucks erlebt wird. Im Abendland entstehen in dieser Periode die Gregorianischen Gesänge. Papst Gregor ließ um 600 die liturgischen Gesänge seiner Zeit sammeln und notieren. Sie sind bis in die Gegenwart unverändert überliefert worden. Die Gregorianischen Gesänge zeugen noch von einer

Unmittelbarkeit des seelischen Erlebens, einer einheitlichen Geborgenheit des Menschen in seinem spirituellen Hintergrund. Entwicklungen in unserer Zeit beziehen sich ebenfalls auf diese Periode und werden vor allem im Jazz übernommen, wobei modale Skalen eine große Rolle spielen. Wir begegnen auch hier dem Phänomen, dass neue Musik sich auf alte Spuren bezieht. Als Beispiel möchte ich den litauischen Komponisten Arvo Pärt nennen.

Die mentale Phase beginnt mit der Blüte der abendländischen klassischen Musik. Man könnte das Datum auf das Geburtsjahr von Johann Sebastian Bach 1685 legen, weil um diese Zeit die temperierte Stimmung von Werkmeister und Leitner eingeführt wurde.

Eine kurze Anmerkung zur temperierten Stimmung. Es ist ein physikalisches Gesetz, dass die Naturtonreihe, welche wir bei der Darstellung der Obertoninstrumente besprochen haben, ein Zusammenspiel nur bei einem gemeinsamen Grundton ermöglicht, der modalen Spielweise. Wenn der Grundton gewechselt wird, weil die Entwicklung der Harmonik dies erfordert, so kommt es dazu, dass sich die Obertöne nach mehreren Modulationen im Quintenabstand nicht mehr stimmig verhalten. Das ist eine physikalische Kuriosität, das so genannte pythagoreische Komma. Daher wurde es notwendig, die pythagoreische Stimmung nach 1500 Jahren zu revidieren und die Tonintervalle minimal zu verändern. Damit wurde die Mehrstimmigkeit möglich. Erst mit Einführung der Mehrstimmigkeit konnte die europäische Musik mit ihren typischen Strukturen Harmonie, Kontrapunkt und Vielstimmigkeit entwickelt werden. Parallel zur Mehrstimmigkeit in der Musik hat sich übrigens in der Malerei die perspektivische Darstellung entwickelt.

Die spätere Phase dieser Epoche reicht bis in die Neuzeit. Sie ist gekennzeichnet durch die Einführung eines individuellen Subjekts in die Musik und der Reflektion über Musiktheorie. War Musik bis zu diesem Zeitpunkt im weitesten Sinne Ritualmusik oder Gottesdienst, so wird sie jetzt säkularisiert, das heißt weltlichen und persönlichen Anliegen untergeordnet.

Mit der Aufklärung wird Musik in den Dienst des Individuums gestellt, individuelle persönliche Themen und Problemstellungen werden in der Musik aufgegriffen. Während die Gregorianik noch ganz im Gottesdienst, im Aufgehobensein im göttlichen Kontext geborgen ist, finden wir beispielsweise bei Beethoven das Primat der Mentalentwicklung, der persönlichen Konflikte, die Darstellung von Gefühlen, die Auseinandersetzung mit einem individuellen Schicksal bis hin zur politischen Aussage.

Es ist interessant zu beobachten, wie die Herauslösung des Menschen aus der Gruppenidentität hin zum Individuum, wie die Trennung des ganzheitlich seelischen Empfindens durch die Aufklärung in eine geistige und weltliche Sphäre auch in der Musik ihren Niederschlag findet.

Ich habe Beethoven genannt; Mahler, Bruckner und moderne Komponisten führen diesen Weg fort. Es darf jedoch nicht übersehen werden, dass die großen Meister trotz des Aufgreifens individueller Themen sich stets der spirituellen Dimension der Musik bewusst waren und ihr Schaffen in einem überweltlichen Zusammenhang eingebettet sahen.

Beethoven formuliert es so: „Musik ist eine höhere Offenbarung als alle Weisheit und Philosophie.“

Hiermit wären wir bei der fünften Stufe nach Gebser angelangt, der integralen Phase. Mit ihr wird die Vereinigung des körperlichen und seelischen Empfindens im Hören, das geistig-strukturelle Erfassen von Rhythmus, Klangfarbe und Tonalität, die Intensivierung des Bewusstseins beschrieben. Unsere heutige Lebensepoche kann erstmals in der Menschheitsgeschichte trotz aller Konflikte und Widersprüche die Gesamtheit aller als einem Organismus zugehörig wahrnehmen und sie auch musikalisch ausdrücken. Zeit- und kulturübergreifende Verschmelzungen treten auf, wie zum Beispiel die Einbringung von Ethnoelementen in moderne Kompositionen oder die Rückbesinnung auf spirituelle Werte.

Diese Entwicklung hat allerdings zweierlei Seiten: Einerseits ist der industrielle Musikmarkt, die Massenproduktion der Ware Unterhaltung stets auf neue Reize angewiesen. Die Suche nach musikalischen Schätzen in der Dritten Welt hat Parallelen zur Ausbeutung auf materieller Ebene in den Jahrzehnten zuvor. Andererseits jedoch, und das ist letztlich das Wesentliche, werden gleiche Strukturen und seelische Wesensinhalte kulturübergreifend erkannt, das Gemeinsame gefördert und ausgeweitet.

Und warum ist das so wichtig für die Klangtherapie, vor allen Dingen für Ihren Ansatz, der auf dem Einsatz von archaischen Instrumenten basiert?

Es wurde deutlich, dass es gerade die Klänge der archaischen und der magischen Periode sind, welche in den letzten Jahrzehnten im Westen neu- oder wiederentdeckt worden sind. Die Zuwendung der Menschen in unserer von der Ratio beherrschten Zeit zu diesen Klängen ist gleichzeitig der Ausdruck der Rückbesinnung auf das in diesen Bewusstseinsstufen schlummernde Potenzial. Ein Potenzial, das letztlich die Sehnsucht nach dem Ursprung, nach der Religio, der Rückbindung des eigenen Lebens in einen größeren Gesamtzusammenhang, die Sehnsucht nach Einheit anspricht.

In einer Welt, in der wir von Tausenden von Schallquellen aus Radiosendern, Fernsehkanälen und Tonträgern aller Art geradezu überflutet werden, in einer Welt, in der die allgegenwärtige Beschallung mit Musik diese letztlich zum Geräusch oder zum lästigen Hintergrundrauschen degradiert, entsteht das Verlangen nach Klang, das Bedürfnis nach *einem* Klang, nach Einklang, nach Harmonie. Es geht bei diesen Klängen um etwas ganz Einfaches, aber ganz Wesentliches – um die Suche des Menschen nach sich selbst, nach Erfüllung, ja, in diesem Sinne auch um die Sehnsucht nach Glück. Der Klang wird zum Symbol für die Gefühle schlechthin.

Musik generell und die archaischen Klänge im Speziellen können als Weg zur Selbstfindung, Berührung und Stillung von Sehnsucht erlebt werden. Dem Bedürfnis unserer Zeit, zu neuem Bewusstsein zu gelangen, diesem Bedürfnis kommen die Klänge der archaischen Instrumente entgegen. Die in der Klangtherapie zur Anwendung kommenden Instrumente haben ihre Wurzeln in der archaischen und magischen Bewusstseinsstufe.

Durch sie können wir auch im übertragenen Sinne wieder an unsere seelischen Quellen, an die Ursprünge der Wirklichkeit mit dem tiefsten Kern unseres Wesens kommen.

Um die unmittelbare Nähe von Klangerleben und der Offenbarung einer spirituellen Dimension nochmals zu verdeutlichen, möchte ich Lama Anagarika Govinda ein weiteres Mal zitieren. Er beschreibt die Wirkung der tibetischen Ritualmusik, deren Elemente ja auch Bestandteil der Klangtherapie sind, folgendermaßen:

„Der tibetische Buddhismus betrachtet den Menschen nicht als eine für sich stehende einzelne Figur, sondern immer in Beziehung zu seinem universellen Hintergrund. In gleicher Weise befasst sich die tibetische Ritualmusik nicht mit den flüchtigen Emotionen zeitbegrenzter Individualität, sondern mit den ewig-gegenwärtigen zeitlosen Qualitäten universellen Lebens, in dem unsere persönlichen Freuden und Leiden keine Rolle spielen. Wir kommen durch sie wieder in Berührung mit den Quellen der Wirklichkeit im tiefsten Kern unseres Wesens."[3]

Die Orientierung auf ein anderes Bewusstsein hin geschieht gleichermaßen bewusst wie unbewusst.

Sehnsucht ist immer etwas Unbewusstes, man spürt eine Unruhe, man spürt eine offene Frage in sich schlummern. Die Suche nach der Antwort wird dann zu einem bewussten Prozess. Der Antrieb kommt aus dem Unbewussten, aus der Sehnsucht, die Suche kanalisiert sich in der Beschäftigung mit verschiedenen Heilslehren, Religionen, philosophischen Praktiken oder eben mit speziellen Formen der Musik, die diesem Bedürfnis entgegenkommen.

Mit dem integralen Bewusstsein sind wir im 20. Jahrhundert angelangt. In dieser Epoche entstand auch eine neue medizinische Richtung, die Psychoanalyse. Haben ihre Väter, Sigmund Freud und C. G. Jung, schon mit Musik gearbeitet?

---

[3] Lama Anagarika Govinda, „Der Weg der Weißen Wolke".

Freud hat nicht mit Musik gearbeitet, sie hat in seinem Modell der Triebstrukturen, Konflikte und Beziehungsdynamik auch keinen rechten Platz. Dennoch billigt er ihr als Zuhörer eine Art „Schmerzwollust" zu.

C. G. Jung war kulturell offener und hat seelisch tiefer gefühlt als Freud und daher die Bedeutung von Musik erahnt, wenngleich auch er therapeutisch nicht direkt mit Musik gearbeitet hat. Seine Erkenntnisse über die Dimensionen der Seele entsprechen einem Verständnis der vielschichtigen, auch spirituellen Ebenen der Musik. Daher ist sein Werk für das tiefere Verständnis der Bereiche, die durch Musik und Klang berührt werden können, von großer Bedeutung.

Nach C. G. Jung sind wir über tiefste Schichten unseres Bewusstseins sowohl mit den anderen Mitgliedern unserer kulturellen Gruppe als auch mit der gesamten Menschheit seelisch verbunden. Der Archetypus ist eine solche Urstruktur, welche die Seele unabhängig vom jeweiligen kulturellen Kontext des betreffenden Menschen spontan erkennen kann.

Wir kennen die Archetypen in Form der Mandalas. Das sind kreisförmige Bilder, die wir aus fast allen Kulturen der Welt kennen. Ihr augenfälliges Hauptmerkmal besteht in der symmetrischen Anordnung um ein Zentrum. In der Natur finden sie sich in vielfältiger Weise: im Aufbau von Pflanzen in Blättern, Stielen und Blüten, in der Form von Galaxien und Wirbelstürmen, Schneckenhäusern und Plankton sowie im Aufbau von Atomen. Wir können sie auch als Schwingungsmuster von Wellen beispielsweise in mit Wasser gefüllten Klangschalen sichtbar machen – sie stellen ein universelles, energetisches Strukturprinzip dar, das sich dort manifestiert, wo Schwingung und Materie, Idee und Gestalt sich ineinander transformieren. Im menschlichen Schaffen finden sie Ausdruck beispielsweise in den tibetischen Wand- und Bodengemälden, den Rosetten an den abendländischen Domportalen, in der Kalligraphie des Islam oder dessen Architektur der Sakralbauten, in den Sandbildern der Navajo-Indianer. Mandalas versinnbildlichen den Kosmos, den Kreis der Welt mit seinen verschiedenen Anteilen, mit dem Menschen mit seiner Psyche und seinem Lebensraum in der Peripherie und dem spirituellen Zentrum in der Mitte. Für C. G. Jung verdeutlichen Mandalas, die auch in Träumen spontan auftreten können, den seelischen Prozess der Selbstfindung, der Individuation.

Ein Archetypus auf psychischer Ebene ist der Schatten, der die heimlichen, unterdrückten oder verborgenen Anteile unserer Seele darstellt. Die dialektische Polarität des eigenen Geschlechts findet ihre Gestalt in Anima und Animus. Diesen Schatten und die polaren Wesensanteile nicht abzuspalten, sondern zu integrieren und in die persönliche und kulturelle Aufgabe des Reifungsprozesses der Selbstwerdung einzubeziehen, beschreibt C. G. Jung als unsere Aufgabe.

Aber auch auf musikalischem Gebiet gibt es Symbole, Urstrukturen, Archetypen. Die Naturtonreihe der Obertöne stellt einen solchen Archetypus dar, der, wie wir gesehen haben, die harmonikale Struktur der ganzen Schöpfung bis hin zu unserem innersten Wesen durchdringt. Die Klänge und die archaischen Instrumente spielen über die rituell-konsolidierende Wirkung hierbei eine große Rolle. Dies ist sowohl horizontal als auch vertikal zu betrachten. Die Klänge verbinden uns über das Ritual formal mit unseren Mitmenschen, aber sie verbinden uns auch in der Tiefe unseres seelischen Erlebens mit der Kollektivseele unserer Gruppe. Das ist ein Phänomen, das C. G. Jung bereits erkannt und beschrieben hat. Wir sind durch das kollektive Unbewusste in geradezu metaphysischer Weise mit unserer Mit- und Umwelt verbunden. Klang kann hier als Medium dienen.

Die Verbindung unserer Seele mit der unserer Mitmenschen zeigt sich auf den verschiedenen Ebenen, die C. G. Jung herausgearbeitet hat. Je tiefer wir in die Schichten der Psyche eintauchen, desto weiter kann sich der Bezugsrahmen vom rein Individuellen hin zum Gemeinschaftlichen öffnen. Wir durchschreiten die so genannte persönliche Ebene, die kollektive Ebene, die transpersonale Ebene bis hin zum kosmischen Bewusstsein. Archetypen fungieren als zeit- und raumüberschreitende, verbindende, übergeordnete Symbole. Sie drücken die Urgründe unseres menschlich-seelischen Erlebens aus.

Jenseits des Alltags – wie Klänge das Bewusstsein verändern

Von C. G. Jung ist es nicht weit zu der Frage des veränderten Bewusstseins, das durch Klangtherapie vielleicht erreicht werden soll. Wie kann mit Klängen das Bewusstsein verändert werden ?

Der Begriff „verändertes Bewusstsein" ist ein Begriff aus der Neuzeit der psychiatrischen Forschung. Sah man früher Veränderungen der Psyche nur unter der Prämisse der pathologischen Störung, so wurde dieser Begriff ab der zweiten Hälfte des 20. Jahrhunderts erheblich erweitert und vom Stigma des Krankhaften befreit. Es wurde offensichtlich, dass das Spektrum der menschlichen Psyche, die Vielschichtigkeit der Erlebnisfähigkeit größer und tiefer ist als der rein rationale „gesunde Menschenverstand". Gerade die Erforschung der vielfältigen Auswirkungen von Musik auf unsere Psyche führte zu einer tieferen Einsicht in die möglichen Dimensionen unseres Wesens. Diese Einsicht führt schließlich zu der Frage, was das Besondere der Erfahrungen von Mystikern, Schamanen, Heiligen, Suchenden zu allen Zeiten war.

Wenn wir diese Phänomene in wissenschaftlicher Diktion genauer und nüchterner beschreiben wollen, dann kommen wir zu folgendem Ergebnis: Auf intensive externe wie interne Reize reagiert das Gehirn relativ uniform, aber in vorhersehbaren Mustern, die den Erlebnishorizont des normalen Alltagsbewusstseins überschreiten. Sie werden heute als „veränderte Wachbewusstseinszustände" bezeichnet.

Sie stehen im Gegensatz zum Schlaf oder zur Narkose einerseits und zum Wachbewusstsein andererseits. Das Wissen um diese Zustände wurde und wird in allen Kulturen und Religionen zu kultischen und medizinischen Zwecken gezielt eingesetzt. Diese veränderten Bewusstseinszustände können durch eine Vielzahl von Reizen ausgelöst werden, pharmakologische oder nichtpharmakologische. Musik spielt hierbei in der Regel eine zentrale Rolle. Die Veränderungen, um die es geht, sind unter anderem:

- eine Veränderung des Raum- und des Zeitempfindens,
- Veränderungen der Körperwahrnehmung,
- eine Veränderung der Emotionalität,
- die Veränderung des Bedeutungserlebens,
- das Gefühl des Unaussprechlichen,
- eine Hypersuggestibilität, das heißt Beeinflussbarkeit, ein teilweiser Kontrollverlust.

Hieraus lassen sich nach den umfangreichen Untersuchungen von A. Dittrich folgende drei zentrale Erfahrungen herauskristallisieren:

- die ozeanische Selbstentgrenzung,
- die angstvolle Ichauflösung,
- die visionäre Umstrukturierung.

Entsprechende Gefühle sind das Aufgehen in Gott, im Kosmos, im All – oder ihr Gegenteil: die Angst, sich aufzulösen, zu verlieren, seiner Existenzgrundlagen beraubt zu werden. Letztendlich kann es zu einem Erlebnis kommen, das schlagartig neue Sinnzusammenhänge und Bedeutungsebenen offenbart, einer Art spirituellem Schlüsselerlebnis.

Die auslösenden Situationen können ganz unterschiedlich sein: einerseits Reizüberflutung oder andererseits Reizentzug : Schlafentzug, Meditation, Rückzug in die Einzelzelle. In ihrer radikalsten Variante verbringt der Mönch im tibetischen Kloster drei Jahre, drei Monate und drei Tage in einer Zelle ohne Licht in völliger Dunkelheit, ohne Laut in völliger Stille und völliger Einsamkeit.

Oder das Gegenteil: Musik und Rhythmus. Das Rezitieren und Repetieren von Gebeten oder Gesängen wie dem Rosenkranz im

Abendland oder den Mantras in der östlichen Kultur; stundenlanges, lautestes Trommeln in Afrika oder auch körperliche Bewegung wie Langstreckenlauf oder der Trancetanz; bestimmte Atemtechniken wie die Sufi-Atmung oder, in ihrer neuen Variante, die in den letzten Jahrzehnten des vergangenen Jahrhunderts im Westen entwickelte therapeutische Hyperventilation wie das holotrope Atmen nach S. Grof.

Weitere Möglichkeiten, diese Zustände zu erreichen, sind die Verwendung von heiligen oder halluzinogenen Pflanzen, die in nahezu allen Kulturen und allen Zeiten von Heilkundigen, von Schamanen benutzt wurden und werden.

Die Wege zur Auslösung eines veränderten Wachbewusstseinszustands können sehr verschieden sein, aber die Qualität und der Erlebnisspielraum bleiben ähnlich. Das gilt auch für die chemischen Substanzen, die diese Zustände hervorrufen können. Sie unterscheiden sich jedoch erheblich in ihrer Wirkungsdauer und der Intensität von körperlichen Nebenwirkungen.

Die veränderten Bewusstseinszustände sind integraler Bestandteil des menschlichen Erlebens. Ihre Kernerfahrungen finden sich in den Beschreibungen der Mystiker aller Religionen und Kulturen; wir beobachten sie aber auch bei der Schizophrenie. Was als „ozeanische Selbstentgrenzung“ bezeichnet wird, beschreibt letztlich den Kern mystischer Erfahrungen aller Meditationsschulen: Es ist die Aufhebung unseres Alltagsbewusstseins und die unmittelbare Erfahrung der Verbindung des Einzelnen mit dem Göttlichen. Das Brahman oder die Unio mystica, das Satori der japanischen Zen-Mönche oder das Samadhi, das heißt, die Aufhebung des Subjekt-Objekt-Dualismus, das „Tat tvam asi“ der Hindus, die Erkenntnis, dass zwischen dem tiefsten Punkt des Selbst und der Erfahrung Gottes letztlich keine Trennung mehr besteht. Christus sagte, „Ich und der Vater sind eins“, oder die östliche Formulierung der Erkenntnis der gleichen Buddhanatur in der gesamten Schöpfung.

In der inneren Welt sind Gott und Mensch nicht zwei verschiedene Wesen, sie sind eins, wie der Tropfen und der große Ozean eins sind. Auf dieselbe Art reagiert die Seele auf Musik. Sie gibt sich der Musik hin, sie verschmilzt und wird eins mit ihr.

Die Literatur über die altorientalische Musik verweist eindringlich auf die Verbindung zwischen Musik, Trance und Ekstase. Durch eine über das Musikerleben veränderte emotionale Grundgestimmtheit kann der Weg für eine Neubewertung der gegenwärtigen Situation eröffnet werden. Daher wird schon bei den Sufis geistige Gesundheit als das Gleichgewicht zwischen allen drei Ebenen des Bewusstseins definiert – dem Schlaf, dem Wach- und dem veränderten Bewusstseinszustand Dieser schließlich schlägt die Brücke zur sinnstiftenden Dimension, die sich mit Begriffen wie Liebe, Ekstase, Religiosität und Geistigkeit benennen lässt.

Hat das denn für Sie heute eine therapeutische Relevanz, ist es ein therapeutisches Ziel?

Die veränderten Bewusstseinszustände sind nicht Mittel oder Vorwand zur Weltflucht, sondern spezifischer Ausdruck der Selbst- und Welterkenntnis und damit auch Mittel zur Heilung. Der Wert dieses Ansatzes liegt in der Durchbrechung rationaler Reduktionismen und der Hinführung zu einem Weltbild, das sich der transzendenten Dimension nicht verweigert. Die um diese Qualität bereicherte Suche nach der Selbsterfahrung wird letztlich zum religiösen Akt.

Studien über Tranceinduktion zeigen übrigens eine erhöhte Ausschüttung von Beta-Endorphinen, das sind körpereigene Botenstoffe, die mit der Vermittlung von Glücksgefühlen, aber auch mit der Schmerzverarbeitung in enger Verbindung gesehen werden.

Wenn ich Sie recht verstehe, lautet Ihre durchgängige These: Klang verändert Bewusstsein. Sehen Sie sich damit in einer Tradition, der zum Beispiel auch Stanislav Grof angehört?

Ja, das kann man so sagen. In der Mitte des letzten Jahrhunderts wurde vermehrt über das Bewusstseins geforscht, primär aus psychologischer Sicht, später auch auf der Ebene der Gehirnforschung.

Das Zusammenführen der Erkenntnisse von veränderten Bewusstseinszuständen, die durch halluzinogene Substanzen herbeigeführt wurden, haben sowohl aus kulturhistorischer wie aus psycho-pharmakologischer Sicht zu einer Synopsis menschlicher Reaktionsweisen geführt.

Die umfangreichsten Studien zu den Dimensionen des veränderten Bewusstseinszustandes und den Erfahrungen, welche dem Alltagsbewusstsein primär nicht zugänglich sind, hat der tschechische Psychiater Stanislav Grof in den 50er und 60er-Jahren des letzten Jahrhunderts an Tausenden von Patienten und Probanden durchgeführt und sorgfältig dokumentiert. Er hat dabei nicht nur die vorbeschriebenen allgemeinen Beobachtungen bestätigt, sondern Strukturen unseres Unbewussten herausgefunden, die durch die langen Monate unserer Embryonalzeit geprägt wurden.

Aufgrund des großen Einflusses dieser Entwicklungsperiode auf die Ausprägung unseres späteren Wesens und ihrer Relevanz für die Klangtherapie sind diese Erkenntnisse von erheblicher Bedeutung. Grof hat vier charakteristische Stadien des Wiedererlebens vorgeburtlicher Zustände beschrieben, die er „perinatale Grundmatrizen“ nennt:

Die **erste Phase** symbolisiert den Embryo im paradiesischen Urzustand; er schwimmt ungestört im Fruchtwasser, erfährt keine Beeinträchtigung und lebt letztlich in einer vollkommen seligen symbiotischen Einheit mit der Mutter. Er kann zwischen sich und dem Umfeld der Mutter nicht unterscheiden, beides ist eine Einheit. Auf psychodynamischer Ebene könnte das der gute Mutterschoß oder die ozeanische Form der Ekstase genannt werden. Im weiteren werden hierzu assoziiert: Begegnungen mit metaphysischen Kräften, Visionen von Paradies und Himmel. Postnatal kann man hierzu glückliche Kindheitsaugenblicke, das Schwimmen im Meer oder die Liebeserfüllung in Verbindung bringen.

In Korrespondenz zu den frühkindlichen Zuständen, die Sigmund Freud beschrieben hat, wäre hier an die libidinöse Befriedigung aller erogenen Zonen zu denken. In der Psychopathologie finden wir die Manie, Psychosen mit Gefühlen der mystischen Vereinigung oder mit metaphysischen Mächten. Im Negativen stellen sich in dieser Phase Abtreibungsversuche oder fötale Krisen bei Erkrankungen der Mutter oder auch problematische Zwillingssituationen dar.

In der **zweiten Phase** beginnen die Kontraktionen. Erstmals treten auf: Schmerz, Angst, Bedrohung ohne Ausweg, psychisches und physisches Leid. Im postnatalen Leben assoziieren wir hiermit unentrinnbare Situationen, Kerker, Käfig, Vernichtung, Kälte, Herzangst, Atemnot, schwere körperliche Misshandlung, Krieg, Operationen, Beinahe-Ertrinken, Ablehnung, Demütigung, Höllenvorstellungen, Apokalypse, Terror der Inquisition. Die Bilder von Hieronymus Bosch, speziell die Darstellung der Hölle, sind eine drastische Abbildung dieser Phase. Sigmund Freud würde in dieser Phase die orale und sexuelle Frustration, Unlust und Kälte ansiedeln; in der späteren Psychopathologie finden wir qualvolle Minderwertigkeitsgefühle, Schizophrenie, schwere Depression, möglicherweise auch die Entstehung von Suchterkrankungen.

Die **dritte Phase** setzt mit Beginn der Austreibung ein. Während wir in der letzten Phase noch Schmerz mit Ausweglosigkeit erlebt haben, eröffnet sich jetzt die Möglichkeit zur Überwindung der Situation, das Licht am Ende des Tunnels. Es ist die Intensivierung von Leid und Schmerz bis ins Unerträgliche, in gigantische Dimensionen, das Erleben der Grenze zwischen Schmerz und Lust, aber auch die so genannte vulkanische Form der Ekstase. Postnatal drückt sie sich aus in Explosionen, sadomasochistischen Orgien, Vergewaltigungen, Blutopfern, Schlachtgetümmel, Kampf, Revolution, Katastrophen, riskanten Sportarten, Karneval, Verlust der Schließmuskelkontrolle, Gebären der eigenen Kinder, Erstickungsgefühl, Muskelverspannungen, Zuckungen, Hitzewallungen, Krämpfen. Bei Sigmund Freud wäre das Äquivalent das Verschlingen von Nahrung, die anale und orale Aggression, phallische Aggression, Orgasmus. In der Psychopathologie finden sich Schizophrenien mit den oben genannten Anteilen, Frigidität, Impotenz oder traumatische Neurosen.

Die **vierte Phase** steht im Zeichen der ungeheuren Entlastung. Das Kind ist geboren, die lebensbedrohliche Situation im Geburtsvorgang ist überwunden. Die Trennung von Mutter und Kind ist jetzt vollzogen, aber gleichzeitig keimen der Beginn einer neuen Beziehung sowie das eigene Erleben als neues, singuläres Wesen auf. Die Entlastung vom Druck ist begleitet von Visionen strahlenden Lichts und gigantischer Hallen, Gefühlen der Wiedergeburt und Erlösung, Visionen von Gold und Regenbögen, Intensivierung aller Sinneswahrnehmung. Postnatal korrespondieren damit ein glückliches Entkommen aus Gefahr, das Überwinden von schweren Hindernissen durch aktives Bemühen, Überleben von Krieg oder Katastrophen oder karitative, humanitäre Neigungen. Freud würde hier die Stillung von Durst und Hunger, lustvolles Saugen, lustvolle Stuhlentleerung assoziieren. In der Schizophrenie finden sich auf diese Phase bezogen messianische Vorstellung, manische Gefühle, Gefühle des Welterlösers.

Grof hat damit die Beobachtungen von Freud bezüglich der Bedeutung von frühkindlichen Erlebnissen noch um eine Etage erweitert, die der prä- und perinatalen Prägungen. Das Wissen um die enorme Bedeutung dieser frühen biographischen Schichten für unsere Psyche und die Entwicklung von psychopathologischen Veränderungen ist sein Verdienst.

Haben diese Erkenntnisse konkrete Folgen für die Praxis?

Wir haben das immense Spektrum der Erfahrungen beschrieben, zu denen der Mensch im veränderten Bewusstseinszustand fähig ist. Die Dimension der möglichen Erfahrungen legt einen vorsichtigen Umgang mit den Methoden nahe, die diese Erfahrungen herbeiführen können. Bei ritualisierten Techniken werden die Schichten behutsam und kontrolliert durchschritten. Alle Völker haben Rituale, haben Schamanen, die sich nach einem langen Training nur unter besonderen Vorsichtsmaßnahmen auf das Gebiet der Veränderung der Bewusstseinszustände einlassen können.

Aufgrund meiner Erfahrungen kann ich sagen: Musik alleine kann veränderte Bewusstseinszustände auslösen, und sie folgen den gleichen Erfahrungsebenen wie jene, die durch andere Reize ausgelöst werden. Wir sind bei Geburt keine Tabula rasa, kein unbeschriebenes Blatt, sondern in uns kumuliert unsere eigene Entwicklung, die unserer Kultur und unserer Ahnen, der Lebensformen und die gesamte Entwicklung des Universums. Wir halten uns für Individuen, doch unsere Bedingtheit durch und Verbundenheit zu dem uns hervorbringenden Kosmos ist übermächtig. Die Musik kann daher auch das gesamte Spektrum der archetypischen, entwicklungsgeschichtlichen und sinnhaft-religiösen veränderten Bewusstseinszustände eröffnen, kann die Gefühlswelt jedes Einzelnen individuell ansprechen. Musik steht daher in enger Beziehung zu den Übergängen Geburt, Tod, Auferstehung, schließt das Erleben dieser Übergänge in sich ein.

Die Musiktherapie erweist sich damit als ein Weg zur Entfaltung der Person, des Per-sonare, des Hindurchklingens. Das Erklingen der einer Person wesenhaft zu Grunde liegenden geistigen Existenz ist Voraussetzung der Gesundung. Die Konzepte der Musiktherapie sind also nicht Konzepte zur Behebung von Störungen – das ist die Pathogenese –, sondern stellen einen Versuch der Salutogenese dar, das heißt einen Versuch zur Schaffung eines erweiterten Horizonts der Heilung. Heilung durch Erfahrung einer physisch-geistig-mentalen Einheit, die Hinwendung des Menschen zur sinnhaften Offenheit gegenüber der Innenwelt, der Außenwelt und der transzendenten Welt.

Hören, singen, spielen, tanzen – aktive und passive Musiktherapie

Lassen Sie uns nochmals zurückkommen auf die Wirkung von Musik – Klangtherapie im Allgemeinen. Wenn ich Sie recht verstehe, gibt es eine aktive und eine rezeptive, also eine passive Musiktherapie. Wo liegen die Vor- und Nachteile der einen und der anderen?

Was kann man mit der einen bewirken und mit der anderen nicht bewirken?

Das sind in der Tat die zwei großen Bereiche der Musiktherapie. Lassen Sie mich zunächst mit der aktiven Musiktherapie beginnen.

Aktive Musiktherapie heißt, der Patient spielt ein Instrument, entweder im Einzelsetting mit dem Therapeuten oder in einer Gruppe. Die Ausdrucksfindung des Patienten, sein Bemühen, sich auf dem Instrument auszudrücken, ist Gegenstand der therapeutischen Betrachtung. Die aktive Musiktherapie hat zahlreiche Ebenen. Man kann den Bogen spannen von eher psychoanalytisch orientierter aktiver Musiktherapie bis zu Musiktherapie, die speziell bei behinderten Menschen oder bei Kindern mit Entwicklungsstörungen eingesetzt wird.

Bei Kindern mit Entwicklungsstörungen steht das rhythmische Element ganz im Vordergrund. Carl Orff hat das erkannt und spezielle Instrumente entwickelt, die heute Orff'sche Instrumente genannt werden. Sie kommen dem kindlichen Spiel entgegen und beinhalten gleichzeitig eine musikalische Ausdrucksmöglichkeit.

Bei welchen Phänomenen, die bei gestörten Kindern auftreten, würden Sie raten, Musiktherapie einzusetzen, aktive Musiktherapie?

Musiktherapie hat einen Stellenwert bei autistischen Kindern, das sind Kinder, die keinen Kontakt mit der Umwelt aufnehmen können. Es gibt aber Beobachtungen, dass über die Benutzung eines Instrumentes Kinder aus ihrer Isolation herausgeführt werden können. Das Instrument als Mittler, als Brücke zwischen dem gefangenen, eingekesselten Selbst im Kind und seiner Umwelt. Das ist eine Ebene. Auf einer zweiten Ebene gelingt es, Kinder mit neurologischen Erkrankungen, Kinder mit spastischen Lähmungen, Kinder mit frühgeburtlichen Hirnschädigungen zu behandeln. Über Rhythmik und Tanz lernen sie Bewegungen leichter auszuführen als ohne Musik.

Das ist im weitesten Sinne eine Tanztherapie, bei der erneut der Spieltrieb des Kindes, die natürliche Freude der Bewegung und das therapeutische Ansinnen sehr gut zusammengebracht werden können.

Könnte man vereinfacht sagen, dass die aktive Musiktherapie eher etwas für den Jugendlichen, für den jungen Menschen ist und die rezeptive Musiktherapie, die Sie betreiben, eher etwas für den erwachsenen Menschen?

Nein, das würde ich nicht so sagen, weil die gleiche Form der aktiven Musiktherapie auch bei Erwachsenen zur Anwendung kommt. Das Alter eines Menschen ist unerheblich für die Art der Auswahl der Musiktherapie. Ausschlaggebend ist die Indikation und die hierfür am besten geeignete Methode. Die bei den Kindern zur Anwendung kommende aktive Musiktherapie zur Verbesserung von Bewegungsmustern findet inzwischen auch bei erwachsenen Patienten mit neurologischen Problemen eine breite Anwendung – zum Beispiel in der Rehabilitation nach Hirntraumata oder Schlaganfall oder bei geriatrischen Patienten. Hier ist es möglich, vergessene oder verschüttete Bewegungsinhalte durch musikalische Bewegung wieder zu reaktivieren.

Auch für die Entwicklung oder Reaktivierung von Sprachfähigkeit ist die aktive Musiktherapie wichtig. Es ist sehr eindrucksvoll, wenn Patienten, die nicht fähig waren zu sprechen, in der Lage sind, ein Lied mit Text zu singen – das Lied kommt vor der Sprache!

Das bedeutet, dass durch Musik neuronale Wege im Gehirn, die früher einmal bestanden haben, aber durch eine Verletzung oder durch eine Erkrankung deaktiviert worden sind, wieder reaktiviert werden können. Insofern ist gerade für Patienten mit Beeinträchtigung der Hirnleistung die Musiktherapie eine ganz wichtiges Angebot.

Und was gibt es sonst noch für Möglichkeiten?

Wir haben über die Rehabilitationsmöglichkeiten, die der aktiven Musiktherapie immanent enthalten sind, gesprochen, die bei Kindern oder bei erkrankten Erwachsenen zur Anwendung kommt. Das zweite große Betätigungsfeld für die aktive Musiktherapie kommt aus der Psychotherapie.

In der psychoanalytisch orientierten Musiktherapie kommen unbewusste Vorgänge in ihrer Dynamik zum Ausdruck. Das heißt, Beziehungen und Konflikte im zwischenmenschlichen Bereich, die verbal schwer auszudrücken sind, können über ein Instrument artikuliert beziehungsweise dargestellt werden. Die sprachliche Kommunikation kann in den Hintergrund treten, dafür dürfen die expressiven Medien Körper, Bewegung und Musik in den Vordergrund treten. Das ist ja gerade die Kraft der Musik, auf die Sprache verzichten und dennoch das ganze Spektrum von körperlicher und emotionaler Befindlichkeit ausdrücken zu können. Entsprechend der Vielzahl therapeutischer Schulen findet sich natürlich auch eine Vielzahl musiktherapeutischer Strömungen.

Ich möchte der Vollständigkeit halber einige erwähnen. Die reine psychoanalytische Deutung tritt in den Hintergrund gegenüber der Gestaltmusiktherapie. Die Gestaltmusiktherapie beispielsweise sieht die Improvisation als ein musikalisches Bewusstseinskontinuum an. Mit den Ausdrucksmöglichkeiten Musik, Körper und Stimme kann die seelische Befindlichkeit dargestellt werden, sie kann Gestalt annehmen, wir sagen, sie kann erfahrbar werden. Die Musik ist sozusagen ein Experiment, ein Heraustreten aus gefangenen Mustern hin zu neuen Lösungsmöglichkeiten.

Wenn Sigmund Freud gesagt hat, dass der Traum die „Via regia", also den Königsweg, zum Unbewussten darstellt, so sagt die Musiktherapie heute, die Improvisation ist der Königsweg zum Unbewussten. In der so genannten morphologischen Musiktherapie gestalten Klient und Therapeut gemeinsam ein Werk, das sich seelisch entfaltet. Die Musik entsteht nicht nur als akustisches Phänomen, sondern als ein Ereignis zwischen dem Spieler und dem, was gespielt wird. Auch hier stehen der Ausdruck, die Kommunikation, die Verbindung, die Veränderung, die Transformation immer im Zentrum. Die Frage, ob Einzel- oder Gruppentherapie besser geeignet ist, wird aufgrund des aktuellen Zustands des Patienten entschieden. Ein schwer gestörter Patient wird sicher zunächst immer einer Einzeltherapie bedürfen. Die Gruppe ermöglicht dann ein Mehr an Kommunikation, setzt aber eine gewisse Beziehungsfähigkeit voraus, die sie andererseits wiederum fördert.

Wie kann man sich auf eine Musiktherapie vorbereiten? Kann man zu Hause schon hören, zuhören lernen?

Eine Vorbereitung ist nicht notwendig, weil bei schwer kranken Menschen eine Vorbereitung nicht erwartet und nicht gefordert werden kann. Der Patient erhält die Möglichkeit, im therapeutischen Setting die Entfaltung in kleinen Schritten zu erleben. Musikalische Vorbildung in irgendeiner Form ist nicht notwendig. Im Gegenteil, sie ist sogar manchmal Gegenstand der therapeutischen Bemühung. So berichten Musiktherapeuten oft von Menschen, die zu musikalischer Ausbildung gezwungen worden sind und diese unter Druck blockiert oder abgebrochen haben. Später, als Erwachsene, können sie nur mühsam den Zugang zu unbelastetem musikalischem Erleben oder Ausdrucksfähigkeit wieder erlernen.

Dieser Weg des Neuerlernens ist am besten auf spielerischer Ebene möglich, über Bewegung, über Tanz, über Improvisation, also dort, wo es keine strukturelle Einschränkung gibt.

Eine Zwischenstellung zwischen neurologischer Rehabilitation einerseits und tiefenpsychologischer Erfahrung andererseits nimmt die Bewegung ein. Die Resonanz des Rhythmus vom Körper findet ihren Ausdruck im Tanz. Musik und Bewegung ist gleich Tanz. Auch hier findet sich eine Vielzahl von therapeutischen Möglichkeiten, die zum Teil bereits in der Antike praktiziert wurden. Die altorientalische Musiktherapie beispielsweise, die sich an den Sufi-Tänzen orientiert oder die moderne Expressive Dance Therapy wenden sie an. Ziel ist es, die Bewegungen nicht mehr kognitiv zu steuern, sondern den Körper sein eigenes Bewegungsmuster finden zu lassen, sich in die Bewegung fallen zu lassen, das Sich-tanzen-Lassen, das Fließenlassen, das Nicht-Tun in der Bewegung. Ein meditativer Tanz ist eine Handlung, die zur Trance führt und dabei auch die Erfahrung von Bewusstseinsveränderung zulässt.

Die enge Verbindung von Musik und Tanz in ihrem körperlichen Ausdruck und seelischen Empfinden wird durch die reiche Kultur von rituellen Tänzen in den frühen Kulturen der Menschheit demonstriert. Diese Verbindungen leben heute zum Beispiel in der Disco-Kultur weiter, wo Trancetanz bereits zum Schlagwort geworden ist.

Das zeigt uns, dass das Bedürfnis nach Bewegung, nach Musik, aber auch nach Fallenlassen, nach einem Innehalten des diskursiven Denkens, das erwähnte meditative Element, das sich in der Bewegung ebenso wie in der Stille manifestieren lässt, vorhanden ist. Dieses Bedürfnis therapeutisch zu nutzen, ist ein Anliegen der aktiven Musiktherapie, in diesem Fall in ihrer speziellen Form der Bewegungs- und Tanztherapie.

Kommen wir jetzt zur passiven Musiktherapie, die aufnimmt, die Musik auf sich wirken lässt, ohne selbst Musik zu produzieren.

Das ist die rezeptive Musiktherapie. Auch hier können wir zwei Zweige unterscheiden, die induktive Musiktherapie und die hier thematisierte relativ junge Klangtherapie.

Zunächst zur induktiven Musiktherapie. Sie versucht, psychische oder emotionale Verläufe, Zustände nachzuempfinden oder sie auch zu induzieren. Sie versucht das Phänomen auszunutzen, dass verschiedene Instrumente und ihre spezifischen Klänge verschiedene seelische Zustände hervorrufen können. Diese seelischen Zustände und ihr Bezug auf bestimmte Musikinstrumente sind sicherlich kulturell festgelegt, können aber, wie es sich gezeigt hat, nicht einer ganz strengen Eins-zu-eins-Zuordnung unterzogen werden. Therapeutische Arrangements können so aussehen: Klassische Musik wird von einem Tonträger abgespielt und angehört beziehungsweise der Therapeut spielt sie selbst, wobei die verschiedenen Stücke bestimmte Assoziationen wachrufen sollen. Das geht so weit, dass der Begriff der „musikalischen Apotheke" geprägt wurde, das heißt, für jede Befindlichkeit ein bestimmter Stil oder ein bestimmtes Musikstück. Diese Ansicht ist etwas zu kurz gefasst und hält einer strengen, kritischen Überprüfung sicherlich nicht stand, weil jeder Mensch sehr unterschiedlich reagieren kann.

Wie bereits erwähnt, konnte neuere Forschung dennoch nachweisen, dass bestimmte Strukturanteile – die Anordnung von Intervallen, der Wechsel von Dur nach Moll oder Melodieführungsaspekte, also sozusagen die Bausteine unserer Musik – ganz bestimmte Gefühlsassoziationen „triggern", das heißt auslösen. Dies ist allerdings eine reduktionistische Sichtweise. Sie ist von einem ganzheitlichen Empfinden – nach dem zum Beispiel die Musik von Mozart uns mit einer fast überraumzeitlichen, sanften, weichen Traurigkeit erfüllt – ganz weit weg.

Zurück zur Musiktherapie. Sichere Ausgangsbasis ist die Symbolsprache der Instrumente. So vermitteln beispielsweise Posaunen und Trompeten das Gefühl von feierlicher Stärke, von Macht und Autorität. Nicht umsonst wurden diese Instrumente zu Repräsentationszwecken an Königshöfen eingesetzt. Flöten und Harfen vermitteln ein Maß innerer sphärischer Räumlichkeit. Daher dominieren diese Instrumente in alter wie auch in neuerer spiritueller Musik. Trommeln drücken die archaischen Bewegungsmuster Erotik, Feuer und Aggression aus.

Die Klangtherapie hingegen arbeitet mit archaischen Klangträgern, die live gespielt werden: Didgeridoo oder Flöte, Monochord oder Tampura, Gong, Trommeln, Klangschalen und natürlich der menschlichen Stimme. Das Wesentliche an der Klangtherapie ist die strukturelle Einfachheit, der bewusste Verzicht auf Melodik oder Harmonik, die bewusste Hinführung zum Klang pur.

Wir setzen auf das Phänomen, dass die Klänge der archaischen Instrumente den Lauten ähneln, welche das ungeborene Kind im Mutterleib wahrnimmt. Die Klänge, die das Kind durch die Wasserschicht der Gebärmutter hindurch wahrnimmt, sind verzerrt, verzögert, wie durch einen Filter verändert. Ähnliche Klänge erzeugen der Gong, erzeugen die Klangschalen. Das Didgeridoo beispielsweise würde den Darmgeräuschen der Mutter entsprechen. Das heißt, Ziel der Klangtherapie ist auch, die Regression in vorgeburtliche Bewusstseins- und Erfahrenszustände zu ermöglichen.

Mit Hilfe von Klängen auf dem Weg zu sich selbst – Klangtherapie in der Praxis

Geben Sie bei Ihren Therapiesitzungen Vorgaben, dass Sie zum Beispiel sagen, jetzt denken Sie bitte mal an den Begriff „Geburt" oder an den Begriff „Glück" oder an den Begriff „Schmerz".

Nein. Eine Therapie sollte so wenig wie möglich manipulativ wirken. Das heißt, ich gebe keine Vorgaben außer der Empfehlung oder dem Appell, offen zu sein und alle auftretenden Wahrnehmungen anzunehmen. Jeder soll sich für seine eigene Erfahrung individuell öffnen. Von mir kommen die Atem- und Achtsamkeitsanregungen, aber keine inhaltlich-strukturelle Vorgabe. Einer Vorgabe widerspricht auch die Beobachtung, dass verschiedene Menschen gleiche Klänge sehr unterschiedlich wahrnehmen.

Sie setzen die archaischen Instrumente in der Klangtherapie in einer Gruppe ein. Wie hat man sich denn so eine Sitzung vorzustellen?

Eine Therapieeinheit dauert etwa zwei Stunden, wobei die Atem- und Achtsamkeitsübungen, die ich verbal führe, ein wichtiger Bestandteil sind, ebenso eine abschließende Aussprache für diejenigen Teilnehmer, die das wünschen. Ausführlicher und intensiver sind Ganztages- oder Wochenendseminare.

Die Teilnehmer liegen in der Regel auf dem Boden auf einer Matte. Zum einen deshalb, weil im Liegen die Entspannung größer ist als im Sitzen. Zum anderen überträgt der schwingende Boden die Schallwellen direkt auf den Körper. Die Klangerfahrung ist intensiv und unmittelbar. Gleichzeitig ermöglicht die liegende Position auch die bessere Anwendung der Körpertherapie, wenn sie in Kombination mit der Klangtherapie angeboten wird.

An einer Gruppensitzung sollten nicht mehr als 15, höchstens 20 Personen teilnehmen. In unserer speziellen Körpertherapie hat es sich jedoch gezeigt, dass eine Gruppengröße von acht Teilnehmern optimal ist.

Man könnte ja denken, diese Methode sei relativ einfach: Jeder, der die erwähnten archaischen Instrumente beherrscht, könne Klangtherapie durchführen. Aber Sie machen es als Mediziner und ziehen bisweilen noch einen Kollegen hinzu. Warum ist diese Begleitung notwendig?

Das Spielen der Instrumente ist – mit Ausnahme des Didgeridoos – rein technisch gesehen tatsächlich relativ einfach. Man muss jedoch in der Lage sein, auch während des Spielens mit einem Teil seiner Aufmerksamkeit bei den Teilnehmern zu sein. Man muss fühlen, was sich für diese ereignet, um gegebenenfalls die Spielweise danach auszurichten. Man muss sich stets im Klaren sein, dass man mit diesen Klängen tiefe seelische Strukturen berühren oder aufdecken kann. Das bedeutet, dass der Therapeut gewissermaßen immer auf der Hut sein muss. Unter Umständen können traumatische oder belastende Prozesse aktiviert oder reaktiviert werden.

Dabei kann es durchaus zu sehr heftigen körperlichen Reaktionen kommen, von Krämpfen über Tränen oder Schmerzen bis hin zu manifesten Angstzuständen. Aus diesem Grunde ist es wichtig, dass ein oder zwei weitere Begleiter oder Ko-Therapeuten anwesend sind, um solche Zustände gegebenenfalls aufzufangen.

Entstehen die Therapiegruppen zufällig oder handelt es sich um eine feste Gemeinschaft?

Es ist beides. Die Gruppe ist offen, es besteht keine Verpflichtung, in einem bestimmten Abstand und einer bestimmten Häufigkeit an Sitzungen teilzunehmen. Allerdings kommt, wer einmal teilgenommen hat, gerne wieder. Dies liegt darin begründet, dass der

Umgang mit den Klängen einem Lernprozess gleichkommt: Am Anfang stehen Neugier oder auch Angst, vielleicht eine gewisse Befangenheit gegenüber den fremdartigen Klängen. Wenn diese vertrauter werden, wird es möglich, diese neuen Eindrücke tiefer in sich hineinzulassen und in sich wirken zu lassen. Die Klangtherapie ist wie eine Stufenleiter. Die Teilnehmer können mit ihr Stufe für Stufe ins eigene Innere hinabsteigen. Das kann schnell gehen und zum Beispiel während einer einzigen Sitzung geschehen, es kann sich aber auch zu einem Prozess entwickeln, der sich über Jahre hinzieht. Insofern, um auf Ihre Frage zurückzukommen, ist eine kontinuierliche Arbeit der Selbsterfahrung durchaus dienlich.

Die Praxis hat gezeigt, dass dabei eine bestimmte Reihenfolge mit einem bewusst strukturierten inneren Aufbau für eine Klangerfahrung wichtig ist. Die Instrumente haben alle ihre ganz eigenen charakteristischen Eigenschaften. Wir haben bereits darüber gesprochen, dass sie sich im Erleben den vorgeburtlichen Phasen nach Grof zuordnen lassen.

Die Reihenfolge der Instrumente, die sich in der praktischen Arbeit herauskristallisiert hat, entspricht in etwa der Abfolge der intrauterinen Stadien und ergibt dann den Ablauf einer Sitzung mit einem großen Spannungsbogen, einer Art Klangreise, wobei der Gong den Höhepunkt darstellt.

Ich möchte an dieser Stelle ausdrücklich den Psychiater Dr. Peter Hess aus Frankenthal nennen, der an der Entwicklung dieser Form der Klangtherapie maßgeblich beteiligt war und der, was das Vorgeben der Struktur angeht, sowohl im ambulanten wie im klinischen Sektor mit psychiatrischen Patienten Pionierarbeit geleistet hat.

Die Stationen der Klangreise gestalten sich folgendermaßen:

Die erste Vorgeburtsphase, das Stadium der intrauterinen Geborgenheit, die ozeanische Ekstase, wird am besten durch das Monochord und durch weiche Klangschalen ausgedrückt. Das Monochord erzeugt zarte, weiche Klänge, die auch Wind und sanftes Wellenrauschen symbolisieren. Auch die Klangschalen sind sanft und sind, wenn mehrere gleichzeitig zum Klingen gebracht werden, nicht klar voneinander zu trennen. Ihre Klänge fließen ineinander. Dieser Klang entspricht dem Höreindruck des Kindes hinter der Wasserfilterung der Gebärmutter und ist übrigens auch dem Gesang der Wale ähnlich.

Diese Klänge verkörpern die Einheit mit dem Universum, die absolute Sicherheit. Die Tampura sowie der Obertongesang kommen hinzu und symbolisieren die Verbindung mit der Mutterstimme.

Trommeln und das Didgeridoo leiten die zweite Phase ein, die Bedrohung, der Druck von außen. Die intrauterinen Klänge werden intensiviert, die rhythmische Struktur kommt auf. Das Didgeridoo repräsentiert wie kein zweites Instrument die Darmgeräusche der Mutter. Man muss sich das ganz drastisch vorstellen: Die Mutter hat Blähungen, Darmgeräusche, die Mutter gluckst, die Mutter lacht, hat Schluckauf. All diese Geräusche können durch das Didgeridoo in verblüffend ähnlicher Art und Weise imitiert werden. Der Herzschlag der Mutter wird durch die Trommel wie auch durch die rhythmische Spielweise des Didgeridoos repräsentiert. Rhythmus heißt zum einen Struktur, Sicherheit, heißt Geborgenheit, aber gleichzeitig kommt durch die Intensivierung der Klänge bereits die Ahnung einer drohenden Veränderung auf, die sich dann in der dritten Phase manifestiert.

Hier verwenden wir meistens den Gong, auch in Verbindung mit der Ocean Drum. Die dritte Phase ist der Beginn der Austreibungsphase. Angst und Schmerz steigern sich zu einem fast nicht auszuhaltenden Höhepunkt. Aber auf der anderen Seite gibt es auch das Licht am Ende des Tunnels. Die Überwindung der Schwierigkeiten ist immanent in dieser Phase bereits enthalten. Die dritte Phase steht auch für die vulkanische Form der Ekstase. Um dies instrumental umzusetzen, ist der Gong geeignet wie kein zweites Instrument. Der Gong kann urgewaltig klingen, kann wie ein Orkan rauschen; er hat sämtliche Frequenzen in sich, er hat eine Lautstärke, die von keinem anderen Musikinstrument erreicht wird. In diesem Zusammenhang werden Grenzerfahrungen, werden Veränderungen spürbar, die Ratio wird einfach weggefegt. Wer in der

Lage ist, sich dem Gong auszusetzen, der kommt unweigerlich in ein verändertes leib-seelisches Empfinden. Es ist jedoch nicht so, dass der Gong nur Angst auslöst, im Gegenteil. Sehr viele Patienten erleben gerade den Gong als ein, ich möchte sagen, Gefühl der kosmischen Geborgenheit, ein Aufgehen im Urklang. Nur ein eher kleiner Teil der Patienten reagiert mit Angst und Bedrohung. Wir setzen zusätzlich die Ocean Drum ein, die in verblüffend ähnlicher Weise die Meeresbrandung imitiert. Das bedeutet: der Gong als Sturm und die Trommel als Brandung des Meeres – es ist ein klangliches Gewitter.

Ein Sturm, ein Brausen, auch das Brausen des Heiligen Geistes kann man damit assoziieren. Aufgewühlt sein in maximaler Form, Bedrohung, Todesangst, aber auch aufgewühlt sein im positiven Sinne: Transzendenz, Loslassen von allen Bindungen und Aufbruch in eine andere Dimension.

Die vierte Phase schließlich mündet im Ausklang. Noch einmal erklingen die weichen Klangschalen, die Tampura und der Obertongesang.

Außerhalb, in der neuen Existenz, symbolisiert der Gesang auch das neue Element, nämlich Luft, Wind und Atem des neugeborenen Kindes. Er symbolisiert Konsolidierung nach Konflikt und Krise, den weiten Himmel und die Rückkehr zur Erde. Ein ganz besonderes Augenmerk möchte ich an dieser Stelle auf die Tonschalen werfen. Tonschalen, das sind nach ihrer Stimmung ausgesuchte, einfache Blumentöpfe, die einen ganz eigenartigen Klang haben, einen weichen, sanften, völlig unaggressiven Klang mit einem deutlichen rhythmischen Metrum. Im Anschluss an den Gong, der die Teilnehmer in die Höhen und Tiefen des Weltraumes geschleudert hat, führen die Tonschalen wieder zurück auf die Erde. Sie symbolisieren in einer für mich verblüffenden Weise Erde, Blumen, Tod und Leben.

Das Spektrum der klanglichen Gestaltung dieses Szenarios reicht von sehr, sehr leise bis zur einer Lautstärke an der Grenze des Zumutbaren.

Angesichts Ihrer Schilderung liegt die Frage nahe, ob Musik beziehungsweise Klangtherapie nicht auch den Menschen manipulieren kann.

Ich komme zurück auf den Begriff der induktiven Musiktherapie. Wenn ich versuche, einen bestimmten Zustand zu erreichen, indem ich ein bestimmtes Musikstück vorspiele, dann manipuliere ich im Wissen um die zu erwartenden Wirkungen streng gesehen schon. Auch bei den Klängen, die archaische Klanginstrumente ausüben, ist ein Stück Manipulation dabei, denn ich setze die Patienten ja etwas von mir Gemachtem aus.

Auf der anderen Seite sollte ein Setting so gestaltet sein, dass der individuelle Entfaltungs- und Reaktionsspielraum offen ist. Es ist eine Balance, eine Gratwanderung zwischen Tun und Geschehenlassen. Ein Therapeut manipuliert immer, allein indem er etwas tut, aber das ist doch auch seine Aufgabe. Es ist jedoch die Frage, mit welcher Einstellung und Absicht er das tut, ob er Macht oder Druck ausübt oder ob er einen Impuls gibt, der letztlich die Eigendynamik des Patienten anregt und diese auch zulässt.

Ist das nicht sehr idealtypisch gesagt in diesen Stadien? Empfinden es die Teilnehmer denn genauso oder empfinden sie es manchmal ganz anders, als Sie es sich vorstellen?

Die Stadieneinteilung, wie ich sie beschrieben habe, hat sich in der praktischen Arbeit bewährt. Die Vorstellung eines Geburtsverlaufes ist dabei der innere Rahmen, der Schlüssel zum Unbewussten. Dies entspricht nicht nur meiner persönlichen Vorstellung, sondern dieses Konzept wird auch von anderen Therapeuten geteilt, die mit Klängen arbeiten. Das bedeutet jedoch nicht, dass ein Teilnehmer diese Stadien genau so, quasi vorprogrammiert erleben muss. Der Verlauf bietet sich an, um die Klangreise mit ihren vielen verschiedenen Facetten, mit den von zart und weich bis zu überströmend heftig wechselnden Impulsen in einen harmonischen Gesamtzusammenhang zu bringen. Die persönlichen Erlebnisinhalte hingegen sind mannigfaltig und individuell völlig offen. Geburt, Tod oder

Transzendenz sind Elemente, die zwar immer wieder auftreten, aber nicht vorherbestimmt werden können.

Für die Teilnehmer gilt, wie bei einer richtigen Reise:

Nichts erwarten, aber auf alles gefasst sein! Das klingt etwas lapidar, umfasst aber in der Tat den ganzen möglichen Erlebnishorizont.

Also ist es so ähnlich wie eine Fahrt ins Blaue?

Wobei der Vergleich durchaus treffend ist. Ein Mensch, der die Erfahrung bereits kennt, kann in etwa abschätzen, wo die Reise hingeht, ein Erstreisender muss wirklich offen für alles sein. Er kennt nicht einmal das Reiseziel, weiß nur, dass es irgendwo tief in seinem Inneren zu suchen ist. Dennoch ist es so, dass auch bei Vorerfahrungen die Reise nicht geplant werden kann. Vielmehr habe ich die Beobachtung gemacht, dass selbst beim selben Menschen die selben Klangstrukturen zu verschiedenen Zeiten sehr unterschiedliche Schichten und Erlebnisse ansprechen.

Ich möchte hier eine ältere Dame zitieren, die berichtet, wie sie mit Hilfe der Klänge Schicht für Schicht in die Tiefe gegangen ist, bis an eine Stelle, wo etwas noch nicht im Reinen gewesen sei. Die Musik habe sie dort wie eine Reinigung lösend, erlösend erlebt. In der ersten Phase der Klangsitzung seien alle Narben vergangener Operationen in brennenden, messerscharfen Schmerzen wieder aufgetreten, im weiteren Verlauf hätten sich die Schmerzen aufgelöst und ein großes, befreiendes Glücksgefühl habe sie im ganzen Körper erfüllt. Im Nachhinein seien Zustände von großer Trauer und Einsamkeit aufgetreten, welche sie lange vergessen hatte. In späteren Klangsitzungen waren diese Gefühle von Trauer und Einsamkeit ein vorherrschendes Element, das heißt, die gleichen Klänge, die zum einen über den Schmerz zu einem Glücks- und Befreiungsgefühl geführt hatten, haben in einer späteren Folge Trauer und Einsamkeit, sogar Verzweiflung hervorgerufen. Erst in einer weiteren Sitzung konnte sie nach Wiederaufnahme der gleichen Klänge das Gefühl der Trauer zu einem Gefühl der richtigen Befreiung transzendieren. Dieses Gefühl, mit sich im Reinen und von einer unaussprechlichen Last befreit zu sein, hat anschließend eine sehr lange Zeit angehalten.

Unabhängig vom individuellen Erlebnisinhalt, wie ich ihn gerade am konkreten Beispiel erläutert habe, gibt es allgemein Stadien im Erleben der Klangreise. In Anlehnung an Dr. Strobel, der als Musiktherapeut in langjähriger Praxis Tranceerfahrung gesammelt hat, können diese Phasen so beschrieben werden:

Nach dem primären Motto „Nichts erwarten, auf alles gefasst sein", kommt das Ankommen, die Neugierde, eine gewisse Anspannung und Aufregung vor dem Beginn. Es beginnt die behutsame Hinführung zu den Klängen, begleitet von Atem- und Fokussierungsübungen, vom Bewusstwerden der eigenen Aufmerksamkeit auf die körperlichen und die klanglichen Veränderungen. Es folgt das Alleingelassensein, das Infragestellen von vertrauten Bezugsrahmen. Dies wird auch dadurch ausgelöst, dass die Klänge fremdartig und ungewohnt erscheinen. Es entstehen Anspannung, Schmerz, Konflikt, die Suche nach neuen Erfahrungen. Das ist so zu verstehen: Die Veränderung des Wahrnehmungsinhaltes, die Veränderung des Bewusstseins ist ein Prozess, der durch die Klänge sehr schnell, oft binnen Minuten, hervorgerufen werden kann. Dennoch bleibt die Ratio, unser beobachtendes Bewusstsein, wach und klar. Die Wahrnehmung im Sinne einer durchaus rationalen Beobachtung ist ja nicht ausgeschaltet, sondern im Gegenteil auf den Punkt der Wahrnehmung gerichtet aktiv. So können die Fremdartigkeit der Klänge, das Alleingelassensein, der Schmerz und die Suche nach neuen Erfahrungen in einem größeren Kontext angegangen werden. Unweigerlich werden persönliche Prozesse ausgelöst, es folgen Veränderungen in der Körperwahrnehmung, Veränderungen von leiblichen und seelischen Resonanzen.

Schließlich kommt es zur Aktivierung unbewusster Schichten, der Auslösung von Trance. Während die unbewussten Schichten durchaus der Ratio in der Beobachtung noch zugänglich sind, wird beim Eintreten in einen Trancezustand die Ratio stiller. Das heißt nicht, dass wir uns nicht mehr an diese Zustände erinnern – wir nehmen sie vielmehr ganzheitlich und insgesamt oft auch sehr dramatisch wahr. Es heißt nur, dass die Beschreibung in Worten im Zustand der Trance schwerer fällt. Wie auch überhaupt der Zustand der Trance nicht leicht und eindeutig zu beschreiben ist.

Nach dem Höhepunkt, zu Beginn der Rückführung mit Verminderung der klanglichen Intensität, entstehen Entspannung, Ruhe, Erleichterung. Oft treten in dieser Phase auch vegetative Symptome wie Tränen auf. Die Rückführung endet mit einer verbal geführten Achtsamkeitsübung. Die Teilnehmer werden wieder auf den Boden der Tatsachen, auf den tatsächlichen Boden des Raumes im Hier und Jetzt zurückgeführt. Rhythmus und Tanz sind als Ausklang eine sehr gute Methode, um die Tiefenerfahrungen auf der seelischen Ebene mit der leiblichen Ebene in Einklang zu bringen. Diese „Tanzrunde“ kann beliebig lang dauern. Den Abschluss bildet eine Phase der Stille, die mit einer Aussprache abgeschlossen wird.

Nochmals: Generell kann beobachtet werden, dass die Erfahrung einen Prozess darstellt, der bei jeder erneuten Klangsitzung eine weitere Dimension erreichen kann. Die beteiligten Personen lernen, mit den Klängen umzugehen, sie wissen ungefähr, was auf sie zukommt, und sie können daher in jeder Klangsitzung ein Stück mehr an Erfahrung zulassen.

Noch eine Frage zu den veränderten Bewusstseinszuständen: Folgen diese irgendwelchen Gesetzmäßigkeiten, sind sie steuerbar oder kann man sie gezielt anpeilen?

Bei der Beschreibung der Instrumente bin ich darauf eingegangen, dass diese aufgrund ihrer jeweiligen Eigenheiten gewisse Bezüge zu den Perinatalphasen besitzen. Die Musiktherapeutin S. Rittner hat beschrieben, dass Gesang im Gegensatz zu Instrumentalmusik selten biographische Erinnerungen oder visuelle Eindrücke auslöst. Hingegen werden Gefühle der kosmischen Verschmelzung, des Getragenseins und des Schwebens geöffnet. Sie vermutet, dass die kinästhetische Stimulation der Eigenvibration über die Knochenleitung entwicklungsgeschichtlich frühere Schichten anspricht als die später entstandene visuelle Ebene.

Das willentliche Eintauchen in eine bestimmte Schicht ist nicht möglich.

Die Erlebnisphasen können nicht nur den Geburtsverlauf in einer gewissen zeitlichen Abfolge beschreiben, sie beinhalten auch eine vertikale, das heißt in die Tiefe gehende Gliederung des Erlebens (modifiziert nach Grof u. Strobel):

1. Ebene der Beschreibung des Außenreizes
2. Ebene der Alltagsassoziation
3. Ebene der Gefühlswahrnehmung
4. Ebene von abstrakten oder ästhetischen Erfahrungen
5. Ebene der psychodynamisch relevanten Erfahrung
6. Ebene der prä- oder perinatalen Erfahrung
7. Ebene der transpersonalen Erfahrung

Idealerweise durchläuft ein Teilnehmer die Ebenen sukzessiv. Dies kann während einer einzigen Sitzung geschehen, es kann aber auch ein Lernprozess sein, der mehrere Jahre in Anspruch nimmt.

Ein weiteres Beispiel für das Durchlaufen der verschiedenen Ebenen ist eine 45 Jahre alte Teilnehmerin mit einem eindrucksvollen Gongerlebnis. Zunächst fand sie die Klänge ganz unterhaltsam, schön und vielfältig klingend (1).

Es folgten Assoziationen von chinesischem Tempeln (2), die alsbald von einem gewaltigen Ausbruch von Widerwillen und Wut abgelöst wurden. Es war ihr schier unmöglich, den Gong weiter zu ertragen und im Behandlungsraum zu bleiben (3). Überwältigt von der Intensität dieser Gefühle, die zudem eine Beziehungskrise provozierten, musste sie mehrere Monate pausieren, bis sie sich wieder an die Klänge des Gongs heranwagte. In den nächsten Sitzungen traten Visionen von Farben, vor allem Rot, auf (4), die vom Wiedererleben von beengenden und demütigenden Szenen in ihrer

Kindheit gefolgt wurden (5). Letztendlich konnte sie all dies hinter sich lassen und erlebte sich in strahlendem Licht schwebend (7).

Psychodynamisch gesprochen hat die Patientin ihre Emotionen, ihre Wut auf den Vater auf den Gong projiziert; erst als diese Übertragung im Gespräch aufgearbeitet worden war, konnte sie sich wieder dem Klang des Gongs aussetzen und ihn anschließend in einer tieferen Bewusstseinsschicht annehmen. Dieser Verarbeitungsprozess war die notwendige Voraussetzung, um sich der transzendenten Dimension des Klanges öffnen zu können.

Die verschiedenen Ebenen des Erlebens lassen sich mitunter an körperlichen Reaktionen ablesen. Dabei kann das gesamte Spektrum der vegetativen, seelischen und körperlichen Symptome beobachtet werden: Unbehagen, Angst, Unruhe gleichermaßen wie tiefe Freude und Seligkeit auf körperlicher Ebene, die Verstärkung der Schmerzen bis ins Unerträgliche, Schweißausbrüche, Zittern am ganzen Leib bis hin zu Erbrechen. Ich habe sogar wiederholt katatone Zustände beobachtet. Das heißt die Betroffenen kommen in eine Art Zustand der generalisierten Verkrampfung mit Bewusstseinsverlust, der später der Erinnerung nicht mehr zugänglich ist. Solche Zustände lösen sich glücklicherweise stets von selbst, die Betroffenen benötigen aber in dieser Phase eine intensive Zuwendung.

Das heißt, die fachmännische Betreuung ist in diesem Stadium unbedingt notwendig?

Absolut. Der Therapeut muss die Erscheinungsbilder kennen, muss wissen, wie er reagieren muss. Auf der rein körperlichen Ebene ist beispielsweise die Unterscheidung eines katatonen Zustandes von einem epileptischen Anfall wichtig. Man muss im Zweifelsfalle auch auf Herz-Kreislauf-Komplikationen gefasst sein. Psychiatrische Notfälle sind akute Angst- oder Panikattacken.

Der Therapeut muss die beschriebenen Zustände alle selbst kennen und mit der ganzen Bandbreite der möglichen Reaktionen vertraut sein. Er muss wissen, in welche Bereiche der Person die Klangtherapie vordringen kann, er sollte sie daher aus eigener Erfahrung gut kennen. Ein weiteres Kriterium für den Therapeuten besteht in seiner Qualifikation. Er muss in der Lage sein, bei Krisen, welcher Art auch immer sie sein mögen, adäquat zu handeln. Die ethische Reflexion, das heißt eine verantwortungsvolle und moralisch integre Haltung, ist ebenso Voraussetzung wie der Respekt, das heißt, die Ehrfurcht vor den Bereichen der Teilnehmer, die offen gelegt oder berührt werden. Das Ganze gipfelt in einer besonderen Art der Behutsamkeit. Ich nenne das die Achtsamkeit im Umgang mit den Teilnehmern. Während wir zuvor von der Achtsamkeit der Selbsterfahrung gesprochen haben, ist auf Seiten des Therapeuten nun die Achtsamkeit für die Belange des anderen gefordert. Der Therapeut muss spüren, was in dem Teilnehmer vorgeht, er muss Anteil nehmen, ohne zu sehr einzugreifen, er muss Respekt vor den Veränderungen haben und die Bereitschaft zum Eingreifen zeigen, wenn dies erforderlich ist. Anders ausgedrückt: Er muss eine Resonanzbereitschaft für die Vorgänge im Patienten aufbringen, eine Resonanzbereitschaft als Haltung der liebevollen Aufmerksamkeit und der hineinspürenden Bezogenheit auf den Patienten, wie es der Musiktherapeut Strobel auch formuliert hat.

Wo liegen die Unterschiede zwischen einer Einzelbehandlung und einer Gruppensitzung?

In der Einzeltherapie kann dem Patienten die ungeteilte, vollständige Aufmerksamkeit des Therapeuten zuteil werden. Das ist für eine intensive Selbsterfahrung sicherlich von Vorteil, jedoch keine zwingende Voraussetzung.

In der Gruppe muss der Therapeut die Aufmerksamkeit auf alle gleichzeitig richten. Das ist insofern etwas schwieriger, als er sich auf drei Bereiche gleichzeitig konzentrieren muss: Zum einen muss er die Musik, die Handlung ausführen und die Instrumente spielen, zum anderen muss er dabei die Teilnehmer beobachten, und schließlich muss er in der Lage sein, in dem Fluss des Geschehens, der Musik, vollständig aufzugehen. Für den Fall einer

Krise ist es sicherlich wichtig, dass ein oder zwei Ko-Therapeuten bei einer solchen Sitzung mit anwesend sind.

Wichtig ist auch, dass Raum bleibt für die Bedürfnisse der Teilnehmer, dass also innerhalb einer Therapiesitzung auch, auf diese Bedürfnisse eingehend, improvisiert wird. Längere oder kürzere Pausen sind dabei ein wichtiger Bestandteil. Die Stille beinhaltet die Möglichkeit des Nachspürens, des Erinnerns, des noch ungestörteren Hineinblickens und des Konsolidierens der Erfahrungen.

Letztlich ist die Stille auch das optimale Medium zur Meditation.

Die Menschen, die an einer Klangtherapie teilnehmen, machen vielleicht Erfahrungen und verspüren Wirkungen, die erst nach der eigentlichen Sitzung auftreten, so ähnlich wie beim Träumen, dass plötzlich etwas Tage, vielleicht Wochen später, bewusst wird.

Das ist richtig. Die Erlebnisse, die angestoßen werden, sind oft tief gehend. Obwohl am Ende jeder Sitzung eine Gesprächsrunde angeboten wird, sind viele Menschen noch nicht in der Lage, über ihre Erfahrungen zu sprechen. C. G. Jung hat erkannt, dass das Unterbewusstsein einem ganz eigenen Entwicklungsprozess unterworfen ist, den wir anhand unserer Träume verfolgen können. Bei manchen Menschen kann nun dieser Prozess durch die Klangarbeit überaus kräftig angeregt werden. So berichten Teilnehmer wiederholt von einer Serie von Träumen, die im Anschluss an nur eine einzige Klangsitzung aufgetreten seien, wobei die Träume zudem lebhafter und farbiger als sonst gewesen seien.

Ich biete den Patienten in diesem Zusammenhang an, wichtige Erlebnisinhalte später in der Praxis im Rahmen eines Gesprächstermins aufzuarbeiten. Seine Eindrücke aufzuschreiben ist eine ausgezeichnete Möglichkeit, die zunächst eher gefühlsmäßigen oder unartikulierbaren Erlebnisse einer solchen Klangerfahrung der rationalen Verarbeitung zugänglich zu machen. Sie können dann im Sinne eines Lernprozesses in den Alltag integriert werden.

Eine andere Möglichkeit, die von vielen Menschen gerne wahrgenommen wird, besteht darin, besonders eindrucksvolle Erlebnisse in Bildern aufzumalen. Ein Bild steht dem rationalen Zugang schon näher als das rein metaphysische Klangerleben, spricht aber auch für sich selbst und bedarf noch keiner Worte; im Gegenteil, es sagt oft mehr aus als tausend Worte.

Anhand von solchen Dokumenten kann zu einem späteren Zeitpunkt wunderbar die innere Entwicklung oder der Verlauf einer Therapie in all ihren Facetten nachvollzogen werden.

Also ähnlich wie Traumarbeit?

Ganz ähnlich. Überhaupt hat die Klangtherapie große Nähe zu psychotherapeutischen Verfahren, die auch mit Imagination arbeiten, sei es das katathyme Bilderleben oder die Hypnotherapie.

Kann bei solchen Erlebnissen so etwas wie ein langfristiger Lernprozess auftreten?

Das ist doch letztlich das Ziel der Arbeit – den klanglichen Impuls für die Harmonisierung der Selbstregulation zu geben. Die von C. G. Jung erwähnte Entwicklung des Unterbewussten und dessen In-Einklang-Bringen mit dem Leben in der äußeren Welt, dieser Prozess der Selbstwerdung ist ein Vorgang, der über Jahre verlaufen kann, ja vielleicht das ganze Leben in Anspruch nehmen muss.

Ich möchte das am Beispiel des Entwicklungsprozesses eines 40-jährigen Mannes illustrieren. Parallel zu einer Gesprächstherapie nahm er regelmäßig an Klangsitzungen teil. Hier konnte er Bilder und Gefühle erleben, die im analytischen Gespräch nicht zugänglich, dem Wort verschlossen waren.

In den ersten Sitzungen lösten die Klänge Unruhe und eine nicht zu erklärende Rastlosigkeit aus. Es war für den Betroffenen fast nicht möglich, überhaupt ruhig liegen zu bleiben. Im weiteren Verlauf stellten sich insbesondere beim Gong Magenschmerzen ein, ebenso kam es zu einer kurzen Episode, in der das Asthma, an dem er in der Kindheit gelitten hatte und das seit der Pubertät verschwunden war, wieder zum Vorschein kam. Mit gezielter Atemmeditation konnte dies überwunden werden. Nach den körperlichen Symptomen bahnte sich eine Regression in frühkindliche Phasen an, die massive Verlassenheitsängste schon als Säugling offenbarte. Später, unter zunehmender Betonung der Atemmeditation, konnte er auch diese Ängste hinter sich lassen und die Wahrnehmung ganz auf die aktuelle Lebenssituation und die leiblich-energetische Ebene konzentrieren. Hierbei kam es schließlich zum Erleben von veränderten Bewusstseinszuständen im Sinne der ozeanischen Selbstentgrenzung, er konnte glücklich mit den belastenden Anteilen seiner Biographie Frieden schließen und sogar transzendente Erfahrungen machen.

Das Beispiel illustriert deutlich, wie Klang als Mediator für einen langfristigen Prozess dienen kann, der tatsächlich von der körperlichen über die psychische in die transpersonelle Erfahrungsebene mündet.

Dieser Patient hat an der Klangtherapie in Kombination mit einer konventionellen, analytischen Gesprächstherapie teilgenommen. Würden Sie sagen, dass die Beschränkung auf die Gesprächsebene alleine zu keinem Erfolg geführt hätte ?

Der analytische Ansatz in der Therapie hat auf jeden Fall seine Berechtigung, wenn es um die Darstellung von Konflikten auf der Beziehungsebene geht. Diese Ebene beschreibt jedoch nur einen Ausschnitt aus der Erlebniswelt des Menschen, und eine Therapie sollte sich nicht mit einer solchen Einschränkung zufrieden geben. Grof vertritt die feste Ansicht, dass die Erfahrungen eines veränderten Bewusstseinszustandes Phänomene sui generis darstellen und ihren Ursprung in den tiefsten Regionen haben, die die klassische Psychotherapie bisher nicht erkannt und auch nicht anerkannt hat. Sie lassen sich nicht auf die psychodynamische Ebene reduzieren und innerhalb des freudschen Begriffssystems auch nicht angemessen erklären.

Gleichwohl sind sie für eine Heilung – ich erinnere an die Ausführungen über die Salutogenese und die Ansicht der Sufi – im weitesten Sinne unabdingbar.

Ganzheitlich heilen – Klangtherapie in Verbindung mit anderen Therapieformen

Herr Silber, die Menschen kommen doch mit bestimmten Erwartungshaltungen in die Therapie. Sie wollen von einem Schmerz befreit werden, sie möchten entspannen. Sie versuchen das nicht allein durch Musik, sondern auch durch zusätzliche Komponenten, zum Beispiel Akupunktur und Massage.

Wir kommen in diesem Zusammenhang auf eine Sonderform der Klangtherapie zu sprechen, bei welcher der Klang durch zusätzliche Methoden unterstützt beziehungsweise erweitert wird. Diesem Ansatz liegen folgende Überlegungen zu Grunde: Wir können in der Heilkunde immer wieder die Beobachtung machen, dass die körperlichen Symptome einer Krankheit letztlich Ausdruck seelischer Krisen sind. Dieses Verständnis von der prinzipiellen Einheit von Leib und Seele ist grundlegende Basis der hier vorgestellten Arbeit und wird daher immer wieder erwähnt.

In der Praxis der täglichen Medizin jedoch ist es nicht immer möglich, diesem Ansatz in vollem Ausmaß gerecht zu werden. Das liegt zum einen daran, dass unsere Medizin historisch gesehen in verschiedene Disziplinen, das heißt Fachbereiche, aufgeteilt wurde, in denen sich während der letzten 150 Jahre ein beachtliches Detailwissen mit entsprechender Spezialisierung entwickeln konnte. Diese Aufteilung führte aber in der Vergangenheit leider mitunter auch zur übertriebenen Abgrenzung der einzelnen Fachbereiche voneinander mit der Gefahr, den Blick für das Ganze zu verlieren.

Andererseits erfordern viele Problemstellungen in der Medizin auch aus Gründen der Praktikabilität im Alltag zunächst einmal eine gewisse pragmatische Beschränkung auf die jeweils am stärksten betroffene Ebene, um schnell helfen zu können. Gerade die Chirurgie hat hier eine ganz wichtige Rolle.

Ich möchte am Beispiel Gallenleiden kurz erläutern, was ich damit meine. In der Erfahrungsheilkunde Europas wie auch in der Traditionellen Chinesischen Medizin (TCM) wird der so genannte Funktionskreis Galle weit gesteckt – er reicht von der Beschreibung der Galle als Verdauungsorgan über ihre Beteiligung bei Kopfschmerzen bis hin zu psychischen Qualitäten und Charaktereigenschaften des Menschen. In einer ganzheitlichen Betrachtungsweise müssen all diese Facetten berücksichtigt und differenziert behandelt werden. Nichtsdestoweniger muss der Chirurg im Falle einer schweren Entzündung das Organ herausoperieren.

Nun wurden aber trotz aller Fortschritte der Medizin die Defizite der geteilten Sichtweise spürbar. Das Bemühen, einen ganzheitlichen Ansatz möglichst frühzeitig in diagnostische und therapeutische Überlegungen einzubeziehen, findet in der Medizin zunehmende Verbreitung. Das geht Hand in Hand mit der Entwicklung oder Wiederentdeckung von Methoden, die von vornherein sowohl leibliche wie seelische Bereiche des Menschen erfassen.

Es hat etwas Geheimnisvolles, wenn man erlebt, dass selbst bei einer zunächst ausschließlich der körperlichen Ebene zugedachten Behandlung plötzlich seelische Phänomene sichtbar werden oder gar in den Vordergrund der Behandlung treten; wenn diese Schnittstelle, an der sich Leib und Seele berühren oder ineinander übergehen, greifbar wird.

Jeder, der schon einmal eine einfühlsame Körperbehandlung erhalten hat, weiß, wie dicht unter der Oberfläche der Muskulatur die Welt der Gefühle liegt, wie schnell die Ebenen durchschreitbar sind. Nicht von ungefähr geht einem etwas „unter die Haut“. Das kann man schon bei einer konventionellen Massage erleben, jedoch noch deutlicher bei so behutsamen Methoden wie der Craniosacraltherapie, der Fußreflexzonentherapie oder der Myoreflextherapie. Es scheint fast so, als haben der Körper im Allgemeinen und die Muskulatur im Speziellen die Eigenschaft eines Kondensators, welcher Spannung aufnimmt und speichert. Ist die Speicherkapazität erschöpft, überhitzt das System und Krankheitssymptome werden sichtbar – dies ist ein etwas vereinfacht bildhafter Vergleich. Aber es ist schon erstaunlich, wie schnell über die Arbeit an der Muskulatur diejenigen seelischen Prozesse reaktiviert beziehungsweise freigesetzt werden, die zu Spannungserhöhung und Ansammlung von problemgeladener Energie geführt haben.

Auch die Akupunktur wirkt genau in diesem Verbindungsbereich; die Indikationen der Punkte umfassen stets Körperliches und Seelisches. Die Homöopathie hat einen ähnlich ganzheitlichen Wirkungsansatz.

Ich will mit diesem kleinen Exkurs den Verbindungsbereich von Leib und Seele illustrieren und verdeutlichen, wie die Idee entstand, verschiedene Methoden mit gleicher Wirkebene in einer Behandlung zu kombinieren: die Akupunktur, die Myoreflextherapie und den Klang. Die Gleichzeitigkeit führt zu einem Synergismus, welcher in seiner Gesamtheit über die Wirkung einer Einzelbehandlung hinausgeht.

Sie haben den Begriff Myoreflextherapie genannt. Was heißt Myoreflextherapie ganz genau?

Die Myoreflextherapie ist eine spezielle Schmerz- und Körpertherapie, die in den letzten Jahren von Dr. Kurt Mosetter entwickelt wurde. Ihr liegen folgende Prinzipien zu Grunde:

Durch Druckpunktstimulation an Muskel-Sehnen- und Sehnen-Knochen-Ansätzen, an klassischen Akupunkturpunkten sowie an bestimmten Punkten in der Muskulatur wird eine so genannte reflektorische Regulationskette in Gang gesetzt. Diese setzt an bestimmten Körperteilen Spannung oder Entspannungen frei und kann die Selbstregulation des Organismus fördern.

Der Weg dorthin ist mehrdimensional. Er führt über neuronale Verschaltungen wie über den Verlauf von Muskelketten, die miteinander verbunden sind und in funktionellem Zusammenhang miteinander stehen und somit eine Einheit bilden. Dabei kommt auch der Verlauf der Meridiane des Akupunktursystems zur Geltung. Letztlich können über die Beeinflussung von Verschaltungen im Gehirn und auf der spinalen Ebene, das heißt im Rückenmark, Strukturen, die dort durch Lernprozesse organisch fixiert wurden, aufgelockert und aufgebrochen werden. Neuronale Netzwerke können sich reorganisieren, das heißt neu gestalten, und reaktiv schmerzhafte Muskelverspannungen an anderen Körperstellen können gelöst werden.

Kybernetische Überlegungen und Erkenntnisse aus der Neurophysiologie, klassische Massagegriffe und Elemente der Traditionellen Chinesischen Medizin und des Shiatsu, Anteile aus Yoga und Feldenkrais, der Chirotherapie und der klassischen Atlastherapie haben ihren Eingang in das System gefunden. Was primär als Schmerztherapie intendiert war, hat sich zu einer ganzheitlichen Behandlungsform des Menschen mit breitem Indikationsspektrum entwickelt.

Sie erwähnten auch die Craniosacraltherapie?

Der craniosacrale Rhythmus ist die Wellenbewegung, sozusagen das Ebbe-und-Flut-Phänomen unseres Nervenwassers, das sich zwischen Rückenmark und Gehirn, einem geschlossenen System, bewegt. Er ist nach Herzschlag und Atmung der dritte Rhythmus, der uns durch das ganze Leben begleitet und am ganzen Körper fühlbar ist. Das Pulsieren der Liquorflüssigkeit ist Träger des „Lebensatems“, einer vitalen Ur-Energie.

Die klassische Wissenschaft hat diesen Rhythmus noch nicht in seiner Existenz anerkannt, aber feinfühlende Menschen spüren ihn. Man kann das Pulsieren der Nervenflüssigkeit ertasten, wenn man die Hände sanft auf den Kopf eines Menschen legt und spürt, dass der Kopf sich, übertrieben gesagt, wie ein Luftballon ausdehnt und wieder kontrahiert, etwa in einem Rhythmus von acht- bis fünfzehnmal pro Minute. Die Therapeuten sind in der Lage, durch Beobachtungen des craniosacralen Rhythmus Krankheiten zu erkennen und durch dessen behutsamste Beeinflussung desselben therapeutisch zu wirken.

Die „dritte Hand" des Therapeuten – das Auflegen von Instrumenten auf den Körper

Wie findet das, was Sie eben theoretisch erläutert haben, seine konkrete Anwendung in der Klangtherapie?

Ausgehend vom Synergismus der Methoden haben mein Kollege Kurt Mosetter und ich eine Behandlungsform erdacht, bei der wir gleichzeitig zur Klangerfahrung eine Akupunktur- und Myoreflexbehandlung durchführen. Daher steht unser Angebot unter dem Titel „Körper-Klang-Therapie". Durch den Klang befindet sich der Körper in einem Zustand der erhöhten Aufnahmebereitschaft, sodass die auf der körperlichen Ebene angebotenen Maßnahmen intensiver wirken. Das zusätzliche Auflegen eines Instrumentes auf den Körper ist ein weiterer therapeutischer Akt, um die physikalische Schwingung des Instrumentes ins Körperliche, ins Bewusstsein überzuleiten. Das Instrument entspricht in der Behandlung der dritten Hand des Therapeuten. Der Körper kann in der Tat insgesamt in Schwingung geraten.

Ich meine damit sowohl die physikalisch-körperlichen, manifesten Schwingungen als auch das seelische Mitschwingen im Genesungsprozess.

In erster Linie verwenden wir hierzu das Didgeridoo; ein ähnliches Phänomen tritt auch auf, wenn ein Patient auf einem Liegemonochord verweilt oder wenn wir eine Klangschale auf seinen Rücken oder auf seinen Bauch auflegen.

Die Hand des Therapeuten hat immer zwei Qualitäten, eine diagnostische und eine therapeutische. Das Betasten, das Fühlen, das Spüren mit den Händen führt zum Wahrnehmen, zum Erkennen der Problemstellung, zur Diagnose. Gleichzeitig ist aber jede Berührung bereits eine Be-handlung, ein therapeutischer Akt. Die beiden Ebenen der Berührungsdimension stehen in einer Art Rückkoppelungsschleife miteinander in Beziehung und gehen bei einem erfahrenen Therapeuten fließend ineinander über.

Diese Beobachtung gilt sogar, wenn die Hand des Therapeuten den Körper des Patienten gar nicht mehr direkt berührt, sondern mit einigen Zentimetern Abstand von der Oberfläche im feinstofflichen Energiefeld arbeitet.

Das direkte Auflegen eines Instrumentes hat hiermit große Ähnlichkeiten, wobei ein jedes Instrument seine spezifischen Eigenheiten zeigt. Wenn ich mich einem Patienten mit dem Didgeridoo nähere, so spüre ich bereits in einem gewissen Abstand vom seinem Körper, wo energetische Schwachstellen zu finden sind. Ich kann feststellen, ob ich das Instrument aus einer Entfernung heraus spielen sollte beziehungsweise wie viel Nähe ein Patient erträgt oder benötigt. Lege ich das Didgeridoo auf, so kommt oft der ganze Körper in Schwingung, oder, genauer gesagt, beim Didgeridoo geraten vor allem die Knochen in Vibration. In diesem buchstäblich beschwingten Zustand ist es für den manuell arbeitenden Kollegen dann viel leichter, sich an blockierte, schmerzhafte oder angstvoll abgewehrte Bereiche heranzutasten und dort zu behandeln. Er benötigt weniger Druck; die Hand wird wie von selbst an den Punkt gezogen, der der intensivsten Behandlung bedarf.

Das Spielen des Instrumentes am Patienten verläuft in der gleichen Wechselbeziehung zwischen Wahrnehmen und Behandeln wie die Arbeit mit der Hand. Die Kongruenz der Behandlung zwischen dem manuellen Therapeuten und dem Spieler des Instrumentes wird zu einer einheitlichen Behandlungsform, die eine neue Qualität ermöglicht. Insofern ist das Bild von der „dritten Hand“ zutreffend.

Das Arbeiten mit Klangschalen verhält sich ähnlich. Schon beim Heranführen einer schwingenden Schale an den Patienten kann die feinstoffliche Struktur erspürt werden. Beim Auflegen einer Klangschale schwingt vor allem der Wasseranteil des Körpers, das heißt die Weichteile und die Muskulatur. Das hat wohl mit der Art und Weise zu tun, wie die Schallwellen durch den direkten Kontakt auf den Körper übertragen werden, wo sie aufgesetzt werden und damit, dass Klangschalen in einem wesentlich höheren Frequenzbereich schwingen als beispielsweise das Didgeridoo.

Das Liegemonochord hat eine gewisse Sonderstellung, weil der Klient richtig auf ihm liegt. Die Saiten befinden sich an der Unterseite des Instrumentes; beim Spielen gerät der Mensch in seiner Gesamtheit in Schwingung. Dabei ist die Reaktion der einzelnen Menschen individuell und unterschiedlich und der Therapeut kann unmittelbar darauf eingehen So kann sich ein regelrechter „Schwingungsdialog“ zwischen dem Therapeuten und dem Patienten entwickeln. Der Patient kann durch behutsames Einschwingen so weit geleitet werden, sich in Bereiche vorzuwagen, die ihm sonst nicht zugänglich gewesen wären.

Dies ist ein absolut individueller Prozess, der die gesamte Aufmerksamkeit des Therapeuten beansprucht. Aus diesem Grunde ist hierfür eine Einzelbehandlung zwingend. Wird das Monochord als Instrument für die Gruppe gespielt, so darf niemand darauf liegen.

Ich möchte noch einmal auf den Begriff „dritte Hand des Therapeuten“ zu sprechen kommen. Worin liegt der Vorteil dieser dritten Hand oder der vier Hände, wenn zwei Therapeuten gleichzeitig behandeln?

Die dritte Hand hat folgenden Sinn: Die körperliche Behandlung erfolgt nicht nur am Symptompunkt eines körperlichen Schmerzes, sondern oft in entfernt liegenden Arealen. Beispielsweise wissen wir aus der chinesischen Medizin, dass zur Behandlung von Kopfschmerzen Punkte am Fuß behandelt werden, so genannte Fernpunkte. Oder wir kennen aus der Fußreflexzonenmassage, dass über Behandlung von Punkten an der Fußsohle weit entfernt liegende Organe behandelt werden können. Auch die Myoreflextherapie denkt in Verbindungen von Muskelketten und Funktionskreisen, die sich in langen Bahnen transversal oder diagonal oder auch wechselnd in energetischen Schleifen über den Körper erstrecken. Und hier hat es sich als sinnvoll erwiesen, dass der Körper an zwei oder auch drei Punkten gleichzeitig berührt wird. Unsere Idee, das Didgeridoo als „dritte Hand“ des Therapeuten einzuführen, ist als Behandlungsmethode neu.

Nicht neu hingegen ist, dass zwei Therapeuten einen Patienten gleichzeitig behandeln. Ich denke hier beispielsweise an die Synchronmassage des Ayurveda, wo zwei Therapeuten gleichzeitig einen Menschen behandeln.

Sie erwähnten gerade Kopfschmerzen. Das bringt mich auf die Idee zu fragen, ob denn die Klangtherapie auch ein Weg ist, das häufig auftretende Phänomen Migräne, Kopfschmerzen, besser in den Griff zu bekommen?

Dazu muss ich ausführen, dass für Kopfschmerzen oder Migräne viele Ursachen in Frage kommen: Zum einen sind es Verspannungszustände im Bereich des Bewegungsapparates. Hierzu zählen primär Dysfunktionen der Halswirbelsäule, Blockaden im Bereich des Übergangs zwischen Schädelbasis und erstem Halswirbel, Dysfunktionen im Bereich des Kiefergelenkes, Zahnprobleme, Bissfehlstellungen, die alle über Fehlbelastung der Muskelketten zu Kopfschmerzen führen können.

Die zweite große Gruppe von Kopfschmerzpatienten sind Menschen, die entsprechend der aus der chinesischen Medizin herrührenden Vorstellung von Energieflüssen an einem so genannten Leber-Galle-Kopfschmerz leiden. Das bedeutet, dass durch eine Stauung im so genannten Funktionskreis Leber-Galle Kopfschmerzen entstehen können. Dies bedeutet nicht unbedingt, dass – im Sinne der westlichen Medizin – manifeste Lebererkrankungen vorliegen. Die Störung des Funktionskreises besagt, dass der Energiefluss im Meridiansystem und den gekoppelten Organen gestört ist. Im Falle der Kopfschmerzen beispielsweise verläuft der Energiefluss statt vom Oberbauch nach unten als „aufsteigendes Leberfeuer“ nach oben in den Kopf.

Ein Funktionskreis im Sinne der Traditionellen Chinesischen Medizin umfasst immer einen großen Ausschnitt der psychophysischen Existenz des Menschen mit charakteristischen Details. So gehören beispielsweise zum Funktionskreis Leber-Gallenblase neben der Funktion der Organe Leber und Gallenblase auch die Stoffwechselfunktion und die Emotionalität, die eine besondere Anfälligkeit für Zorn und Ärger darstellt. Weiterhin gehört dazu eine besondere Veränderung der Schlafstruktur mit nächtlichem Aufwachen zwischen ein und drei Uhr morgens. Es gehört dazu eine bestimmte Form der Verdauungsstörung mit meist Unverträglichkeit von Fett und letztlich ein gehäuftes Auftreten von Kopfschmerzen eben im Bereich des Verlaufs des Gallenblasenmeridians. Der Gallenblasenmeridian verläuft vom Augenaußenrand über Schläfen, den Kopf, über das Genick, an der Seite des Körpers bis zum vierten Zeh. Bei einer Störung des Funktionskreises auf energetischer Ebene kann es zu Schmerzen im Meridianbereich kommen. Das heißt, die bevorzugte Manifestation von Schmerzen als Folge einer Störung des Funktionskreises sind Nackenschmerzen, Kopfschmerzen und Schmerzen hinter den Augen, die klassische Migräne. Das bedeutet: Therapeutisch würde hier sowohl die medikamentöse, in diesem Falle eher phytotherapeutische Behandlung des Funktionskreises, die Akupunktur und auch die Myoreflextherapie zur Anwendung kommen.

Eine Indikation für den Klang sehe ich in diesem Fall zum einen in der Synergie mit den genannten Methoden, zum anderen aber auch aus dem Verständnis der TCM: die den Funktionskreisen zugeordneten Eigenschaften umfassen nicht nur körperliche und emotionale Phänomene, sondern neben anderem auch Geschmacksqualitäten, Nahrungsmittel, Sternzeichen – und Klänge. Trotz der nicht ganz präzisen Überlieferung (s. S. 65) lassen sich die Klänge frequenzbezogen oder entsprechend der Wirkungscharakteristik der Instrumente einsetzen.

Zielt das Ganze nicht darauf hin, dass durch diese Methode, durch die Körperklangtherapie, versucht wird, das zu erreichen, was durch Medikamente nicht beeinflusst werden kann? Könnte die Körper-

klangtherapie eventuell auch Medikamente ersetzen, zum Beispiel Psychopharmaka?

Es ist sicher richtig, dass viele Patienten Menschen sind, die, wie die Medizin etwas hart sagt, austherapiert sind. Das heißt, bei ihnen wurden viele verschiedene Therapieversuche unternommen, ohne dass ein echter therapeutischer Durchbruch möglich wurde. So entsteht natürlich der Wunsch, Heilung auf natürlichem Wege im Sinne der Anregung der körpereigenen Regulationsmechanismen, durch Stärkung des Vorhandenen, zu ermöglichen.

Was Medikamente angeht, so möchte ich mich vor pauschalen Urteilen und einseitigen Wertungen hüten.

Krankheitsursachen sind immer vielschichtig, und demzufolge muss die Therapie auch stets mehrere Ebenen und Faktoren berücksichtigen. Ich vergleiche dies gerne mit einem Mosaik – je mehr Steine, das heißt Details mir als Therapeuten zur Verfügung stehen, desto individueller kann ich auf die Bedürfnisse des einzelnen Patienten eingehen und desto umfassender wird die Behandlung verlaufen können.

Es ist sicher sinnvoll, sparsam mit Psychopharmaka umzugehen. Auf der anderen Seite aber gibt es etliche klassische psychiatrische Erkrankungen, beispielsweise die Schizophrenie oder die schwere Depression, bei denen eine pharmakologische Behandlung unverzichtbar ist. Bei richtiger Anwendung ganzheitlicher Methoden wie der Klangtherapie kann allerdings eine Einsparmöglichkeit erwartet werden.

Wir haben die Körperklangtherapie vorwiegend im Kontext der Schmerztherapie beobachtet und gesehen. Gibt es denn auch Vorteile zum Beispiel für Frauen, die sich in der Schwangerschaft befinden? Würden Sie einen solchen Personenkreis auch ansprechen wollen?

Ich spreche sie nicht explizit an, aber Schwangerschaft ist bestimmt keine Kontraindikation für eine Klangtherapie. Das Kind lebt mit den Erfahrungen der Mutter mit und die Selbsterfahrung ist einer

Schwangeren genauso geöffnet wie jedem anderen Menschen. Die spezifischen Entspannungsmomente, die gerade beim Monochord- oder Didgeridoo-Spiel auftreten, sind sicherlich auch für das Kind von Vorteil. Man kann vielleicht sogar so weit gehen zu sagen, dass die vorgeburtliche Prägung auf bestimmte Klanginhalte für das Kind später mit Ruhe, Geborgenheit und seligem Erleben assoziiert werden können. Im Rahmen der Geburtsvorbereitung ist Klang ein Medium, das Schmerz und Spannungszustände der Mutter lindern helfen kann.

Wir haben die Geburt im Kontext der Körperklangtherapie angesprochen. Gibt es denn noch andere Lebenssituationen, Lebenskrisen, von denen Sie sagen würden, die eignen sich für die Körperklangtherapie, da kann Körperklangtherapie helfen?

Ich denke, als angewandte Methode kann die Klangerfahrung in jeder Lebenssituation im Allgemeinen, speziell aber in Krisensituationen, von Vorteil sein. Überall dort, wo die Lösung oder die Distanzierung aus dem gewöhnlichen Kontext heraus in einen Zustand der gesteigerten Offenheit und der Suche nach neuen Kontexten und neuen Sinnerfahrungen sinnvoll ist, ist die Klangtherapie von Bedeutung. Insbesondere als Kurzreise in die Tiefe der Seele vermag sie Bewusstseinsinhalte zu Tage zu fördern, die später im Rahmen einer konventionellen Gesprächstherapie weiter thematisiert werden können. Die Möglichkeit, das vegetative System des Organismus in Harmonie zu bringen, die Möglichkeit, Tiefenentspannung zu erfahren, die Möglichkeit, Abstand zu quälenden Gedanken zu gewinnen, alles das lässt die Klangtherapie geeignet sein, auch als allgemeine Entspannungsmethode oder aber auch als Prophylaxe für Menschen mit Burnout-Problematik.

Letztlich bietet die Möglichkeit einer Sterbebegleitung oder der Begleitung schwer kranker Patienten eine wichtige Indikation für die Klangtherapie. Diese wird auch auf Intensivstationen wie zum Beispiel im Klinikum Witten-Herdecke praktiziert, weil man gesehen hat, dass selbst komatöse Patienten, die keinerlei Möglichkeit der verbalen Kommunikation mit der Umwelt mehr besitzen, auf den Stimulus des Klangs reagieren können. In der Sterbebegleitung selbst kann die spirituelle Dimension des Klangs, die den Hörenden möglicherweise den Zugang zu tieferen geistigen Räumen eröffnet, von großer Bedeutung sein.

Wir haben nun weitgehend von einer Klangtherapie im freien Raum gesprochen: Jeder geht freiwillig dorthin, es ist ambulant, nicht stationär. Kommt denn diese Körperklangtherapie heute auch schon im stationären Bereich zum Tragen, zum Beispiel in der Psychiatrie?

Die Anwendung der Klangtherapie in der Psychiatrie ist sicherlich noch in den Anfangsstadien. Dr. Peter Hess war der Erste, der es gewagt hat, mit diesen Instrumenten bei akut-psychiatrischen Patienten zu arbeiten. Es handelt sich bei diesen Patienten um schizophrene Patienten, Patienten mit schweren Angststörungen oder auch schwer depressive Patienten. Der primäre Vorbehalt gegen diese Arbeit war der Gedanke, dass man Patienten, deren Ichstärke krankheitsbedingt stark eingeschränkt ist, nicht mit Methoden konfrontieren dürfe, die Veränderungen des Wahrnehmens, das heißt veränderte Bewusstseinsinhalte, zur Folge haben könnten. Es hat sich jedoch das Gegenteil gezeigt. Im Rahmen der stationären Therapie eröffnen sich aufgrund der Ähnlichkeit der veränderten Bewusstseinszustände mit dem psychotischen Erleben für Schizophrene neue Behandlungshorizonte. Das Wiedererleben von veränderten Bewusstseinszuständen im geschützten Raum erleichtert das Zurückkommen in die Realität. Auch angenehme Phasen einer Psychose können reaktiviert, unangenehme können vor allem im Gespräch der Integrationsrunde relativiert werden. Keiner wird in seiner Hölle allein gelassen. Es kommt dadurch zu einer geschärften Wahrnehmung des Unterschiedes von Alltag und verändertem Bewusstsein. Die Möglichkeit für die Betroffenen, eine Kontrolle über diese Prozesse und ihre Entwicklung ist gegeben.

In der psychiatrischen Klinik in Frankenthal, wo Dr. Hess arbeitet, hat sich die Klangtherapie mit psychotischen Patienten als fester Bestandteil der Therapie etabliert. Das Kennenlernen der Veränderung und die Möglichkeit, diese Veränderung gegebenenfalls steuernd kontrollieren zu können, hilft den Patienten erheblich, auch die krankheitsbedingten Veränderungen als solche wahrzunehmen und gegebenenfalls einer Kontrolle zuzuführen. So kann die Indikation für die Klangtherapie im stationären Bereich erweitert werden auch auf frühe Störungen, Borderline- und Angststörungen jeglicher Art. Klangtherapie bei psychotischen Patienten wirkt nicht wie ein antipsychotisch wirkendes Medikament, indem es die Symptome unterdrückt und den Patienten äußerlich symptom- oder beschwerdefrei macht, sie führt vielmehr über eine Bewusstmachung, über eine Schärfung der Wahrnehmung, über den Versuch der Integration der Wahrnehmungsinhalte zu einer Heilung von innen heraus. Da diese Therapieform in dieser Indikation noch relativ jung ist, sind Langzeitstudien zur klinischen Evaluierung, das heißt zur Überprüfung der Überlegenheit dieser Therapie gegenüber anderen, noch nicht verfügbar. Dr. Hess zieht jedoch aufgrund seiner Erfahrung eine positive Zwischenbilanz.

Es geht um Bewusstmachung, um Selbsterfahrung. Es kommen aber vielleicht auch Menschen, die einfach nur Entspannung suchen bei dieser Therapie, und plötzlich merken sie, dass diese Entspannung tiefer in ihr Inneres führt, und werden dadurch vielleicht aufgewühlt und erkennen sich ein Stück weit besser?

Diese Beobachtung trifft zu. Das Behandlungskonzept hat zwei Intentionen, die sich gegenseitig durchdringen und weiter entwickeln – die Schmerztherapie und die Selbsterfahrung.

Medizin, Heilung ist ja Erkennen, ist das Wahrnehmen des inneren Selbst. Heilung heißt Hinkommen zur Ganzheit, zur Ganzheit der eigenen Person in all ihren Teilabschnitten, in all ihren Bereichen. Diese beinhalten auch Wahrnehmung von Schmerz und Krankheit.

Die Ebenen des Klangs – und damit auch die Ebenen dieses Gespräches – oszillieren in gewisser Weise zwischen Selbsterfahrung und Heilung. Das rührt aber auch daher, dass die beiden Begriffe letztlich nicht voneinander wesensverschieden sind. Heilung ohne Selbsterfahrung, Heilung ohne aktive Teilnahme ist letztlich nicht möglich. Heilung kommt immer auch von innen. Die Methoden von außen, seien es der Klang, die Körpertherapie, die Akupunkturnadel, auch das Medikament, sind letztlich nur Impulse oder Anregungen, Hilfen oder Stützen.

Heilung heißt letztlich, um im musikalischen Bild zu bleiben, im Einklang mit sich selbst zu sein. Das heißt, wenn in vollkommener Zufriedenheit der Ideal- und der Istzustand zur Deckung gekommen sind. Dieser Zustand schließt durchaus nicht aus, dass man an einer körperlichen Krankheit leidet, denn Einklang mit sich selbst und das trügerische Bild ewiger gesunder Jugend sind nicht das Gleiche.

Es gilt die Balance zu halten zwischen einer nicht-resignativen Einstellung, in der man aktiv gegen eine Krankheit angeht, und einem Sein, das mit sich selbst und seinem Zustand in Frieden gekommen ist. Heil sein beinhaltet die richtige Mischung von beiden Positionen.

Auch bei bestehender Krankheit kann ich bis zu einem gewissen Grad dennoch heil sein – und zwar in dem Sinne, dass ich im Frieden mit ihr lebe. Ich darf mich nicht aufgeben, darf mich aber auch nicht gegen Unabänderliches auflehnen.

Dieser innere Friede, dieser Zustand der Akzeptanz wiederum kann Selbstheilungskräfte mobilisieren, die wir mit dem Willen nicht erreichen, aber unbewusst aktivieren können.

Schwieriger ist es mit dem Schmerz. Ein Mensch, der dauernd an Schmerzen leidet, kann nur schwerlich diesen Zustand des Akzeptierens erreichen. Entsprechend komplex und vielschichtig gestaltet sich die Schmerztherapie.

Herr Silber, gibt es so etwas wie gute und schlechte Musik oder schädliche und hilfreiche Musik, heilende und schmerzliche, entlastende und belastende Musik?

Das ist eine sehr weite Frage, und ich würde sie generell mit „ja“ beantworten. Zum einen möchte ich klarstellen, dass Musik, die ein schmerzliches Erleben provoziert oder hervorruft, nicht an sich schlecht ist.

Wenn ein Mensch im Verlauf einer Klangsitzung an die Quelle seines Schmerzes geführt wird und diesen und die dazu führende Ursache neu erlebt, wenn wir die Fülle der seelischen Reaktionsmöglichkeiten im veränderten Bewusstseinszustand wieder in unsere Erinnerung zurückrufen, dann ist klar, dass hierbei auch höchst dramatische, höchst schmerzhafte Erlebnisse vorkommen können. Aber das ist ja letztlich therapeutisch gewollt. Ziel ist doch die Überwindung eben dieser Zustände und die anschließende Integration, sprich Heilung.

Anders ist es bei Musik, die aufgezwungen wird, die dem Körper die Regulation aus den Händen nimmt oder diese außer Kraft setzt. Als drastisches Beispiel gab es einmal ein Experiment, wo Fischen ein externer Rhythmus durch Beschallung aufgezwungen wurde – die Konsequenz: Ihr Atemrhythmus veränderte sich. Die Fische sind daran gestorben. Genauso kann man durch Überstimulation mit einem externen Reiz dauerhaft unsere physiologischen Strukturen im Sinne der Rückkoppelung verändern. Das aber kann selbstverständlich gesundheitsschädigend sein. Ich erinnere an die Aussagen über die Interaktion zwischen Klang und Körper.

Zur Frage nach Musik, die entlastet und solcher, die belastet: Es gibt die gemeinsamen Strukturen von Musik, die eher sammelt, das heißt, es ist langsame Musik, ruhige Musik, das ist Musik, die sich unseren Körperrhythmen anpasst. Wenn es Musik ist, die uns Rhythmen aussetzt, die unphysiologisch sind, die zu laut ist, die viele Dissonanzen enthält, dann belastet sie.

Gibt es Musik, die effektiv krank macht?

Diese Frage muss man auf mehreren Ebenen beantworten. Es gibt Berufskrankheiten von Musikern, diese sind jedoch meistens orthopädischer Art und durch den bisweilen einseitigen und überlasteten Bewegungsablauf des Spielens verursacht. Haltungsschäden bei Geigern, Verspannungen bei Cellisten, Sehnenscheidenentzündungen bei Pianisten und Hörschäden bei Diskobetreibern sind die Folge – die letzteren sind ja im weitesten Sinne auch Berufsmusiker.

Dann gibt es aber Erkrankungen, die offensichtlich aufgrund der Musik selbst entstanden sind, und das ist eine sehr interessante Beobachtung. Man hat festgestellt, dass Mitglieder von Ensembles, die vorwiegend moderne Musik spielen, vermehrt krank sind. Die Musik aus dem modernen Repertoire ist entweder dauerhaft laut oder dauerhaft schnell oder vor allem dauerhaft dissonant. Man kann sich das so erklären: Durch die Reizüberflutung mit dieser Musik kommt es zu einer Überstimulation des sympathischen Nervensystems. Das bedeutet, dass der Kreislauf angeregt wird, die Konzentration der so genannten Stresshormone im Körper steigt an. Es kommt zu Bluthochdruck und zu Herzrhythmusstörungen, zu Magen- und Darmstörungen, zu Schlafstörungen und zu vermehrter Nervosität.

Mit Musik verhält es sich demnach wie mit jedem anderen Heilmittel – es kommt auf die richtige Anwendung und die richtige Auswahl, auf die richtige Zusammensetzung, die richtige Dosierung, an. Ein Zuviel kann in jedem Fall krank machen.

Schließlich muss man überlegen, ob es auch Musik gibt, die seelische Schäden verursacht. Ich denke dabei an die Marschmusik, die zur Disziplinierung von Soldaten zu allen Zeiten angewendet wurde. Oder die schwülstige Propagandamusik von totalitären Regimes. Ich denke aber auch an solche Exzesse wie die Neonazi-Szene mit ihrer speziellen Form von Heavymetal-Musik, die die Emotionalität ausschaltet und Aggressivität sowie rechtsradikales Gedankengut propagiert.

Gibt es Kontraindikationen für die Klangtherapie?

Kontraindikationen im eigentlichen Sinne des Worte gibt es keine. Es gibt meines Wissens keine Gruppe von Menschen, denen die Arbeit mit Klängen a priori schaden würde, oder Krankheiten, bei denen die Anwendung von Klang eine Verschlechterung verursachen könnte. Vielmehr muss das Augenmerk darauf gerichtet werden, ob die Krankheit eine ambulante Behandlung zulässt oder der schützende, stationäre Rahmen erforderlich ist, ob alle Klänge in Frage kommen oder die Wahl eines bestimmten Instrumentes sinnvoll ist, ob Gruppen- oder Einzeltherapie den Bedürfnissen des Patienten eher entspricht und wie weit sich der Patient überhaupt auf diese Therapieform einlassen kann.

Suche nach dem Ursprung – die zeitlose Bedeutung der Klangtherapie

Herr Silber, ist denn Klangtherapie mehr als nur ein Zeitphänomen, eine „Modeerscheinung"? Es gibt ja eine Fülle von Therapien, die immer wieder neu entdeckt werden, von der Spieltherapie bis hin zu anderen Tanztherapien. Ist das eine langfristig angelegte, Erfolg versprechende Therapie, die Körperklangtherapie?

Ich wage nicht, eine Prognose anzustellen; die langfristige Beständigkeit wird die Zukunft erweisen. Es ist in der Tat richtig, dass in der Medizin die Methoden und die Behandlungsweisen kommen und gehen, dass hierbei neben der Erweiterung des wissenschaftlichen Standards auch soziale und kulturgebundene Bedingungen eine Rolle spielen. Die Kontraindikation von gestern ist die Hauptindikation von heute und umgekehrt, das kann sich manchmal erstaunlich schnell ändern.

Auf der anderen Seite jedoch denke ich, dass es im Rahmen der Klangtherapie nicht so sein wird. Ich bin überzeugt, dass die Öffnung der Menschen zur Klangtherapie Ausdruck einer seelischen Not, eines Bedürfnisses nach Heilung, nach Ganzheit tief aus dem Innersten heraus, zeigt. Die Öffnung und die Zuwendung zur körperlich-seelischen Gesundheit, zur Erfahrung der Einheit, zur Erfahrung des Selbst im gesunden Lebenskontext in allen Bereichen ist ein fundamentales, zeitloses Anliegen des Menschen. Die Klangtherapie bietet eine Hilfestellung an.

Die Methoden hierzu haben sich sicherlich im Laufe der Zeit und in den verschiedenen Kulturen verändert, aber unser Rückblick hat gezeigt, dass Klang bei Selbsterfahrung, Ritual und Heilung stets zugegen war und ist. Insofern denke ich nicht, dass die hier vorgestellte Klangtherapie eine Modeerscheinung ist, sondern dass sie vielmehr Ausdruck des Wiederbelebens oder Wiederentdeckens von Methoden ist, die lange Zeit brach gelegen sind oder verschüttet waren.

Schwimmt die Körperklangtherapie nicht vor allem auch deshalb gegen den medizinischen und therapeutischen Strom, weil sie ja vor allen Dingen eines erfordert, Zeit? Sowohl der Patient muss Zeit mitbringen, Ruhe mitbringen, aber auch der Therapeut.

Das Konzept der Salutogenese, das Konzept der Heilung als eines aktiven Prozesses erfordert in der Tat ein gewisses Umdenken. Heilung ist nur dann möglich, wenn der Antrieb für den Gesundungsprozess aus dem tiefen Wunsch des Patienten selbst zur Heilung stammt. Therapeutische Maßnahmen jeglicher Art können immer nur einen Zusatzreiz, eine Hilfe von außen darstellen. Insofern ist es richtig, dass der zeitliche Aufwand recht groß ist. Auf der anderen Seite ist das Verhältnis von notwendiger Zeit und seelischem Gewinn nicht anders als bei anderen Selbsterfahrungsmethoden.

Wie erklärt sich das wachsende Interesse für Klang- und Musiktherapie?

Die Tatsache, dass diese archaischen Klänge sich einer wachsenden Beliebtheit erfreuen, ist meiner Meinung nach Ausdruck der Suche des Menschen nach seinem Ursprung in weitestem Sinne. Dieser Ursprung kann kulturell gesehen am Anfang der Geschichte der Menschheitsentwicklung gefunden werden, aber auch, individuell gesehen, tief im Innersten unseres Wesenkernes angesiedelt werden. Gerade die permanente Berieselung mit Musik zu jeder Lebenslage, die ständige Konfrontation mit Lärmquellen, lässt den Hunger oder das Bedürfnis nach Stille und nach Einklang entstehen. Das Geräusch, das uns umgibt, zerstreut, divergiert und teilt, der Klang jedoch führt uns zurück, eint oder heilt.

Übrigens sprechen nach meinem Eindruck auch und gerade Kinder in besonderem Maße auf die archaischen Klänge an.

Ich habe oft kleine Kinder gesehen, die voller Faszination mit einer Klangschale gespielt haben und dabei durchaus dem Phänomen lauschen konnten, wie der Klang einer Klangschale sich langsam im Nichts auflöst und wie sie dann im gleichen Maße ebenfalls ruhig, still und lauschend geworden sind. Ein Lehrer könnte eine Klangschale auf das Pult stellen und sagen, so jetzt hört ihr alle zu, wie der Klang verebbt. Es wäre mit Sicherheit schneller Ruhe in einem Klassenzimmer als mit Ermahnungen – und es wäre gleichzeitig eine Erziehung hin zu einer so wichtigen Wertschätzung des Klangs und auch der Stille.

Nochmals auf den Punkt gebracht: Klangtherapie – für wen eignet sie sich besonders, und was kann Klangtherapie erreichen, was andere Therapieformen eben nicht erreichen können?

Die Klangtherapie ermöglicht uns die schrittweise Versenkung durch alle Ebenen unseres Wesens, angefangen von der physiologisch-körperlichen Ebene mit Hilfe der Schwingungsresonanz bis hin zu tiefem, seelischem Erleben, weiter bis in die Räume von Spiritualität. Sie ermöglicht Erfahrung archaischer Bewusstseinsstufen bis hin zur individuellen Regression durch alle Stufen unserer vorgeburtlichen Existenz bis hin zur letzten Transzendenz. Daraus ergibt sich eine sehr breite Indikation für letztlich jeden Menschen, der Selbsterfahrung sucht, daraus ergibt sich die spezielle Indikation für den Einsatz in der Psychotherapie und aufgrund der besonderen Möglichkeit natürlich die Schmerztherapie.

Musik generell oder der Klang im Speziellen unterscheidet sich von anderen Kunstformen durch seine Umfassendheit und seine Berührung unserer menschlichen Existenz auf sehr verschiedenen Ebenen.

Ich will abschließend nochmals die Stufen der Wirksamkeit zusammenfassen – die Ebene der Physik, der Akustik und der Mathematik; die Ebene der Physiologie, der körperlichen Wirkung, der Schwingung per se und ihrer Resonanzen; die Ebene der emotionalen Phänomene; der Bereich der Individualpsychologie, das Einschwingen in seelische Prozesse; die Ebene des Zugangs zu unserer eigenen Entwicklung bis zurück in den Mutterleib; die Ebene der Zurückfindung der Menschheit in ihrer kulturellen Entwicklung bis zum Beginn der Menschwerdung.

Auf allen Stufen des kulturellen Fortschreitens war Musik ein stetiger Begleiter, ja sogar ein stetiger Ausdruck der Kultur. Die Musik, der Klang ermöglicht uns, retrospektiv diesen Weg zurück zu fühlen. Und schließlich, als Krönung des Ganzen gewissermaßen, ermöglichen uns Musik und Klang den Zugang zu transzendenten Sphären, zur Spiritualität, zum letztlich göttlichen Erleben.

Vom Klang umgeben werden wir, vom Klang getragen gehen wir. Dazwischen liegt eine Existenz, eingebettet in ein Universum aus Klängen und Harmonien, welche uns im Körperlichen wie im Seelischen formen und bedingen. Die Klangtherapie geleitet unsere Wahrnehmung an den Ursprung eben dieser Verwobenheit.

Literatur

Ashley-Farrand, Thomas: Heilende Mantras; Wilhelm Goldmann Verlag, München 2000

Berendt, Joachim Ernst: Das Dritte Ohr; Rowohlt Verlag, Reinbek bei Hamburg 1985

Berendt, Joachim Ernst: Nada Brahma; Insel Verlag, Frankfurt a. Main 1983

Bissegger, Monica: Anthroposophische Musiktherapie; in Decker-Voigt

Capra, Fritjov: Der Kosmische Reigen; Scherz Verlag 1977

Caspers, Claus: Mysterium Musik; Aryas Verlag, Mönchzell 1991

Chinmoy, Sri: Musik zur Selbstverwirklichung; Eigenverlag Zürich 1986

Chladni, Ernst: Die Akustik; Breitkopf und Härtel, Leipzig 1802

Cousto, Hans: Die kosmische Oktave; Synthesis Verlag, Essen 1984

Dahmer, Manfred: Qin; Inselbücherei Nr. 1024, Frankfurt a. Main 1985

Decker-Voigt, Hans-Helmut (Hrsg.): Schulen der Musiktherapie; Ernst Reinhardt Verlag , München 2001

Decker-Voigt, Hans-Helmut: Geschichtlicher Abriss der Musiktherapie in der BRD; in: Decker-Voigt / van Deest, Hinrich: Heilen mit Musik; TRIAS Georg Thieme Verlag, Stuttgart 1994

Dittrich, Adolf: Ätiologie-unabhängige Strukturen veränderter Wachbewusstseinszustände; Ferdinand Enke Verlag Stuttgart 1985

Dittrich, Adolf/Hoffmann, Albert/Leuner, Hanscarl (Hrsg.): Welten des Bewusstseins, Band 4; Verlag für Wissenschaft und Bildung, Berlin 1994

Flatischler, Reinhard: Der Weg zum Rhythmus; Synthesis Verlag 1993

Foerg, Brigitte: Sonologie; in: Medizin & Bewusstsein 4/02

Furtwängler, Wilhelm: Gespräche über Musik; Atlantis Musikbücherei Zürich 1963

Gebser, Jean: Gesamtausgabe Novalis Verlag, Schaffhausen 1975

Govinda, Lama A: Grundlagen Tibetischer Mystik; O. W. Barth Verlag, München 1974

Govinda, Lama A: Der Weg der weißen Wolken; Scherz Verlag, Bern, 1975

Grof, Stanislav: Topographie des Unbewussten; Verlagsgemeinschaft Klett-Cotta, Stuttgart 1978

Grof, Stanislav: Die Begegnung mit dem Tod; Verlagsgemeinschaft Klett-Cotta, Stuttgart 1980

Grof, Stanislav: Geburt, Tod, Transzendenz; Kösel Verlag, München 1985

Hamel, Peter Michael: Durch Musik zum Selbst; Bärenreiter Verlag, München 1980

Harrer, Gerhard: Grundlagen der Musiktherapie und Musikpsychologie; G. Fischer Verlag, Stuttgart 1982

Hegi, Fritz: Gestalt-Musiktherapie; in Decker-Voigt Hess, P.: Klangschalen; Ludwig Buchverlag GmbH, München 1999

Hess, Peter: Musiktherapie bei veränderten Bewusstseinszuständen in der Psychiatrie, in: Dittrich, Hoffmann, Leuner (Hrsg.): Welten des Bewusstseins, Band 4

Hess, Peter: Musikpsychotherapie mit archaischen Klangkörpern; in: Musiktherapeutische Umschau 20/1999, S. 77–99

Hesse, Hermann: Klein und Wagner; Suhrkamp Verlag 1958

Hildebrandt Gunther/Moser, Maximilian/Lehofer, Michael: Chronobiologie und Chronomedizin; Hippokrates Verlag, Stuttgart 1998

Holroyde, Peggy: The Music of India, Praeger Publishers, New York 1972

Hooper, Jeff: Is VA therapy, music therapy? www.musictherapy.de 11/2002

Iyengar, B. K. S.: Licht auf Pranayama; O. W. Barth Verlag, München 1984

James, William: Vielfalt religiöser Erfahrung; Walter Verlag, Olten 1979

Jansen, Eva Rudy: Klangschalen; Verlag Binkey Kok Publikationen, Diever 1994

Jung, Carl Gustav: Erinnerungen, Träume, Gedanken; Walter Verlag, Olten 1971

Jung, Carl Gustav: Mandala; Walter Verlag, Olten 1977

Jung, Carl Gustav: Wirklichkeit der Seele; Rascher Verlag, Zürich 1934

Khan, Hazrat Inayat: Wanderer auf dem inneren Pfad; Verlag Herder, Freiburg 1986

Khan, Hazrat Inayat: Musik und Kosmische Harmonie; Verlag Heilbronn 4. Aufl. 1998

Lauterwasser, Alexander: Wasser Klang Bilder; AT Verlag Aarau, 2002

Leonard, George: Der Rhythmus des Kosmos; Scherz Verlag, München 1983

Luban-Plozza, Boris: Musik und Psyche; Birkhäuser Verlag, Basel 1988

Metzner, Susanne: Psychoanalytische Musiktherapie; in: Decker-Voigt

Mosetter, Kurt/Mosetter, Reiner: Myoreflextherapie; Vesalius Verlag, Konstanz 2001

Motoyama, Hiroshi: Chakraphysiologie; Aurum Verlag, Freiburg 1980

Nyanaponika: Geistiges Training durch Achtsamkeit; Verlag Christiani, Konstanz 1989

Patanjali: Die Wurzeln des Yoga; O. W. Barth Verlag, 1982

Pierce, John: Klang; Musik mit den Ohren der Physik; Spektrum Verlag, Heidelberg 1983

Rittner, Sabine: Die menschliche Stimme als Medium zur Induktion veränderter Bewusstseinszustände, in: Dittrich, Hoffmann, Leuner (Hrsg.): Welten des Bewusstseins, Band 4

Rueger, Christoph: Die musikalische Hausapotheke; Ariston Verlag, Genf 1991

Sattler, Jochen : Das Didgeridoo und seine mögliche Klangwirkung in der Musiktherapie; Diplomarbeit der Fachhochschule für Musiktherapie, Heidelberg 1994

Spintge, Ralph: Musik-Medizin; G. Fischer, Stuttgart, Jena, New York 1992

Spintge, Ralph: Music Medicine; MMB Music INC, Saint Louis 1994

Spintge, Ralph: Musik in Anaesthesie und Schmerztherapie; in: Anaesthesiol Intensivmed Notfallmed Schmerzther 35/2000, S. 254

Spitzer, Manfred: Musik im Kopf; Schattauer GmbH, Stuttgart 2002
Shankar, Ravi: My Music, my Life; Vikas Publishing House PVT, New Delhi 1969
Singh, Dalgit: Invitation to Indian Music; Ludhiana Music Circle 1978
Simbriger-Zehelein: Handbuch der Musikalischen Akustik; Verlag Josef Habbel, Regensburg 1951
Sogyal Rinpoche: Das tibetische Buch vom Leben und vom Sterben; O.W. Barth Verlag 2001
Strobel, Wolfgang: Musiktherapie; Hofgrefe, Göttingen 1997
Strobel, Wolfgang: Die klanggeleitete Trance, in: Dittrich, Hoffmann, Leuner (Hrsg.): Welten des Bewusstseins, Band 4
Thich Nhat Hanh: Das der Wunder der Achtsamkeit, Theseus Verlag, Berlin 2001
Timmermann, Tonius: Musik als Weg; Verlag Musikhaus Pan AG, Zürich 1987
Timmermann, T. und Engert-Timmermann, G.: Körper-Atem-Musik; Ein kombiniertes Verfahren, in Dittrich, Hoffmann, Leuner (Hrsg.), Welten des Bewusstseins, Band 4
Tucek, Gerhard: Altorientalische Musiktherapie; in Decker-Voigt
Tüpker, Rosemarie: Morphologisch orientierte Musiktherapie; in Decker-Voigt
Watts, Alan: The Way of Zen; Vintage Spiritual Classics, London 1999
Winfee, Arthur: Biologische Uhren; Spektrum Verlag, Heidelberg 1986

Weitere Informationen

Der Autor kann kontaktiert werden unter der E-Mail-Adresse otto-heinrich.silber@dgn.de

Informationen über Seminare finden sich unter www.dres-med-silber.de

Der Autor (Mitte) mit Dr. Kurt Mosetter und Reiner Mosetter.

Register